后人类纪的共同生活

正在到来的爱情、消费与人工智能

吴冠军 著

献给熊佩韦

目 录

一 爱情，让我们活得像人
LOVE MAKES US HUMAN

01 今天我们严肃地谈谈爱情___3

欲望和爱究竟有何不同？结婚之后遇到真爱怎么办？同性恋是否应该受认可？姐弟恋到底存在什么问题？

02 只有爱，让我们活得像人___10

爱情是突然发生的"事件"。对于很多人来说，爱情的到来实际上是个"坏消息"。但在后人类纪，爱情却使我们在人工智能面前，仍能够保持一份独特的尊严。

03 "后王宝强时代"的入婚须知___18
"王宝强事件"实质上标志了社会伦理的实体发生了根本性改变。在不敢去爱的时代中,用精神分析的方法教你如何判断真爱。

04 相亲不是相爱,它只是寻找适配的器官___26
相亲实则是当下社会的包办婚姻。与其去寻求相亲网站许诺的"高匹配度",不如相信"二见钟情"。

05 爱的三部曲:事件·实践·时间___32
爱结构性地包含事件性的爱和在时间中持存的爱;而爱者通过不断重述爱的宣言的主体性实践,让事件在时间中指向永恒。爱的根本关键——就是在时间中刻写这份永恒。

06 激进行动,就跟在爱中一样___54
"爱情"是当代激进思想中的核心概念之一。激进行动和爱情一样,突破安逸的日常秩序、往往令你付出巨大的代价,却能证明你"活着"。

二 未来的焦虑
ANTICIPATORY ANXIETY

06 人工智能时代的"大同世界"___61
拥有政治智慧,使人类发展出了"文明"。当纳粹对犹太人实施"降维攻击",屠杀变得理所当然。而人工智能将带来新的"维度"变化,对人类的政治智慧提出了激进挑战。

07 人工智能与未来社会___105
三个反思:人工智能会挑起第三次世界大战吗?人工智能会对伦理提出挑战吗?马斯克式的超级赛博格与普通碳基生命能够和平群处吗?

08 反思"双十一"为标识的当代消费文化___117
"双十一"是这个时代最大盛景之一,制造狂欢的欲望,并使整个社会快速坠入"生命消费"。当人类的生命基底发生变化时,"双十一"的狂欢肯定不可持续。

09　正在到来的礼物___134
要求被回馈的礼物是理性经济的产物。理性经济是这一时代最可怕的事物，它使得纯粹表达心意的礼物变得不可能。

10　"维密秀"时代，哪些真相正被遮蔽？___142
"维密秀"是一个巨大的"幻像"舞台，它遮蔽了世界的真实，将身体"神圣化"，也残忍地桎梏了一个个奚梦瑶式的女孩落入"维密秀"单一苛严的审美叙事中。

11　谁是魏则西？___154
将大学生魏则西导航至"莆田系"医院就诊致其死亡的"百度"搜索引擎，在危机公关中暴露了资本主义框架下的结构性困局，这为改革进程中的当代中国，提供了进一步理论反思-制度创新的可贵契机。

三 哲学，是一种生活方式
PHILOSOPHY IS A LIFESTYLE

12 你是真正的利己主义者吗？___167

看电影、玩"桌游"、追求"网红"美食，日常生活中的吃喝玩乐，带给我们绝非单纯的"小确幸"。一个真正的利己主义者不会任由时光虚度，而会努力捕捉自己的当下每一刻，用追问、思考和行动来探索生命无尽的可能。

13 爱情和革命之后，我们该做什么？___184

爱情和革命都像火山一样，冲破了旧有的秩序，打开面向全新世界的缺口。但爱情和革命都必须加上时间性结构才能成立，都需要人一以贯之的忠诚。左翼"精英"的革命，就是始终以平等为起点，忠诚于为普遍性斗争。

14 "文科教授"与恐怖分子只有一步之遥？___217

"左翼"知识分子很暴力？他们旨在追求的，是更为平等主义的社会。在"激进左翼"看来，这一追求平等的过程永无终结。

15 "知识消费"狂欢节，大学要负责任___225

"知识付费"的兴起，是由于大学老师未能做好其工作，课堂上教授的知识与当下现实生活严重脱节。实际上，真正有价值的学术知识不应该在云端，而是有能力介入大众文化，用以深透剖析现实生活。

16 像德勒兹一样阅读___247

孔子曰"温故而知新"，但夫子却没有告诉我们温故怎样知新。我们可以让法国哲学家德勒兹来填补进这个缺环。掌握德勒兹式的阅读方式，阅读者才能获得真正革命性的阅读视野，从熟悉的旧东西中看出全新。

附录
APPENDIX

+1 能让学生对哲学欲罢不能的"网红"博导___257

+2 2017年热点事件的"冷思考"___276

爱情，让我们活得像人

LOVE MAKES US HUMAN

今天我们严肃地谈谈爱情

爱情是一个"事件"

爱情是一个"事件",人们都是毫无防备地突然陷入爱情。英文的相关表述特别好——"fall in love",这个"fall"(跌入)很传神地表达了,你遭遇爱情时生活被完全打乱重组的状态。爱情没有衡量标准,你设定的条条框框,也许会因为你遇到的这个人而被你全然摈弃。你没办法像选择咖啡的甜度或红酒的纯度那样选择爱情。

当遭遇爱情后,你才会发现,原来自己是一个有缺陷的、不完整的存在,自己是一个"缺",而不是一个"满"。你忽然发现,自己的某一块并不在自己体内,而在另一个人身上。并且,爱情这个事件,具有重新组织你生命的力量，你忽然发现，自己之前所经历的那些事、那些痛苦，原来都是有意义的，这一切的发生，最后才造就了"遭遇爱情"这一事件的最终发生。那便是爱情重组生命的力量——原来自己兜兜转转，只为了遇见他/她，然后含着泪笑曰："喔，原来你也在这里。"而你此后对爱情这个事件的忠诚（fidelity），便使"偶然"变成了"命运"。

今天这个时代的最大悲哀，就是爱的"去事件化"。如今那么多的婚恋相亲网站，实际取消了事件的发生，直接把爱情商品化——人们像逛购物网站一样选择对象，心仪的身高、年龄、地域、职业……这些选择把其他本可能发生的事件概率冰冷地降为了0。人们把自己变成商品挂在婚恋网站上，贴上美化后的"标签"，让自己这个"购物选项"变得显眼。

爱情是个"坏消息"

爱情与理智无关，与头脑计算无关，繁体的"爱"字中间藏着一个心。人们说动心，说心心相印，说心上人，都在强调一个"心"字。法国哲学家帕斯卡有句话："The heart has its reasons that reason knows nothing of."翻译成中文为,"心有其理,理性对其一无所知。"对有的人来说,离婚是头痛的事,对另一些人来说则是心痛的事。庄子有言:"哀莫大于心死,而人死亦次之。"从精神分析的角度来说,失去爱情,就是精神层面失去了一块看不见但最重要的东西。什么是活?心死了,人也不再是"活的"了,只是行尸走肉而已。

小众电影《Chasing Amy》(中文译名为《猜·情·寻》)主题曲中有一句叫"Come make me laugh, come make me cry. Just make me feel alive.",有一句与之对应的中文歌词,来自张国荣的《当真就好》——"我往哪里找,像你这么好,和你哭又笑,哭又笑就好。"因为爱情里的哭又笑,你才真正成为一个活着的人,就算爱情最终失败,但它让你活过!正如《牡丹亭》中写道:"情不知所起,一往而深,生者可以死,死可以生,生而不可与死,死而不可复生者,皆非情之至也。"

爱情是个坏消息。在爱另一个人时,你给了他或她摧毁你的权力,并信任他或她不会使用这个权力,这是爱情灾难的一面。但正因为有爱情这样的坏消息,你才活得像个人。

姐弟恋究竟存在什么问题？

我们再来严肃地谈几个社会热议的爱情问题吧。

首先，同性之间的爱情应该像异性恋一样平等地受到公众认可吗？

我认为同性恋本身不是问题，爱情是理智、理性根本无从认知的那个力量。然而，我身边有不少年轻人，把自己"掰弯"只是为了去时髦一把，这是很可悲的。所以，如果不是因为外部环境因素，而是出于内心的情感，这样的同性恋者我认为是没有问题的。

并且，同性恋的感情维持起来比异性恋更艰难，爱情对他们来说更是一个坏消息，遇到真爱的概率更小，如果你爱上的那个人是"直男"或者"直女"，那绝对是苦恋。我很尊重同性恋者，因为他/她们比我们要付出更多面对灾难和困境的勇气，去无怨无悔坚持他/她的情感。

再来谈谈姐弟恋。

从情感角度来说，姐弟恋完全没有问题。它不同于师生恋，姐弟恋是没有伦理困境的。但是在现实层面上，确实会有各种力量来妨碍这种恋情。所以，爱需要勇气。面对各种各样的阻挠，要用自身的力量和勇气去保护这段感情。姐弟恋中，女生付出更多。同龄的男生和女生在心理年龄或者说"情商"上差别很大，所以有时候女生会很累，女生应该考虑是否愿意并且下定决心和比自己年龄小的男性走下去。

第三个问题：在爱情中总是担心暴露自己的不完美，怎么办？

这是一个非常现实的问题。我们要区分爱和欲望，爱和欲望往往穿着同样的外衣向你走来。但如果是爱，你不用担心暴露自己的不完美，因为爱可以把一个不完美的对象上升到爱的对象。恰恰是在欲望（而非爱）的层面上，我们才如此害怕暴露自己不完美的一面。所以当你拼命画"网红妆"以取悦对方的时候，就已经是一种危险的信号！你要追问自己，我为什么要让对方看到一个精心涂抹后的我？当你在做这件事情的时候，你们的关系就已经出现问题了。如果你发现对方对你只是欲望，那么趁早撤退，否则最后受伤害的是自己。

有意思的是，现在微信里经常有这样的转发热帖，里面很多女孩子自曝照片来吐槽："为什么我男朋友把我拍得这么丑？"其实反转视角来思考的话，如果一个男生拍下这样的你但却完全不以为意、继续热情满满给你拍照,那么,从他的眼里射向你的,难道不恰恰是爱的目光?

还有一个很重要的问题:如果结婚以后遇到真爱,怎么办?

教育学者吴遵民认为,婚姻有社会因素,最终走向婚姻是各方博弈的结果。但是如果结婚之后遇到真爱,为了孩子,即使婚姻不幸福也不要离婚,因为一个破碎的家庭对孩子心理的伤害是无法弥补的。简单地说,父母婚姻的不幸福会让子女对婚姻产生危机感,他们会不信任婚姻,甚至不信任配偶。

但在我看来,我同意遵民老师的结论,但不同意他的理由。遵民老师不愧是优秀的教育学者,立即就把视角转换到孩子身上去了,这种引入"第三视角"的做法,无助于思考两个人的爱情/婚姻问题。我在前文中已提到,爱情是一个改变生命的事件,而对爱情这个事件的忠诚,则是生命性的伦理行动。当你的"心动"随便发生,就不可能是重组整个生命的事件,这不是爱情,而是欲望,欲望的对象可以随时改变,而在爱中,你眼里只会看到你爱的那个人,完全被锁定。

所以,在"心动"的时候认清是爱还是欲望,这不仅是对对方的尊重，也是对你自己生命的尊重。如果你随便动心随便结婚，随后才感觉遇到真爱又动了心，那么，你对别人以及对自己的生命，都是一个可鄙的流氓。所以对于这个问题，我和遵民老师抬一个杠：我建议不要一下就转换到孩子的视角上——其实，在父母婚姻不幸福的环境里成长，对孩子未必是好事。你可以找很多理由延续婚姻，比如孩子、名誉、金钱，但是结婚之后你不断地"动心"，却还延续着婚姻，我觉得太可悲。

只有爱，让我们活得像人

——"后人类纪"的共同生活

最近十几年，学界各个学科越来越多的学者，开始把过去的七万年称作"人类纪"。也就是说，过去七万年间，人类，成为影响这个星球面貌变化最大的因素。但更为关键的问题是，人类纪也已走到了它的边缘。

我们知道，在过去七万年间，科技的发展并不是直线式发展，而是抛物线式发展——想想最近几百年、最近几十年，科技是呈爆炸性地加速发展的。现在，不只是生物工程、仿生工程对人类自身造成了各种改变——各种半人半机器的"赛伯格"、生化合成人……更可怕的，是无机的人工智能出现，完全不需要任何有机体的参与。人工智能对大数据的处理及其自我学习能力，已经在很多领域使人的能力变得微不足道。我们感觉正在接近下一个"奇点"

(singularity)，奇点之后人类主义一切叙事都变得无关紧要。我们将要面对的是"后人类"的未来。我们要如何面对这个未来？

首先，让我们聊一下"人类纪"之后的政治。

什么是政治？我们对这个词语，真如自以为的那么熟悉吗？亚里士多德说，"人是政治的动物。"在生物学意义上，我们都是动物，都要吃喝拉撒——就算是"小鲜肉"，拉出来的屎一样很臭，我们就是这样的 organism（有机体）。但是亚里士多德说，人还具有一个独特之处：人是具有政治能力的动物。如果你没有政治能力，你就称不上一个人，同你家狗狗没什么区别。

古希腊语中有两个词对应"life"。"zoē"和"bios"。"zoē"就是自然意义上的"生命"，你有，动物也有，植物也都有，没什么了不起。人的了不起之处在于，人有"bios"，它指的是共同体中的"生活"，在城邦中和其他人生活在一起。政治（politics）的词源就是城邦（polis）。

因而，最原初的政治问题就是，如何使一群人生活在一起。人并不直接生活在一起，需要政治智慧来安顿、组织彼此的共同生活。拥有自然生命的人如果直接在一起，会怎样呢？根据霍布斯的理论，人彼此之间会像狼一样互相撕咬,这就是"自然状态"。你看到一只苹果,还是被咬掉一口的苹果,另一个人也看到这只苹果,你们都想要它,那么怎么办呢?肌肉多的人、力气大的人得之。所以你面前那个人如果是肌肉男,"穿衣显瘦、脱衣有肉"的施瓦辛格,那对不起,这个苹果跟你无缘。你看到林志玲,而施瓦辛格也看到林志玲,那么你连向志玲姐献殷勤的机会都没有。

但是霍布斯说,这种自然状态,就算施瓦辛格,也不是随时具备的。你再强壮,但至少总还得睡觉,等你睡着了,不要说其他人,就是林志玲,也可以轻轻拿锐器划一下把你杀死。所以霍布斯认为,所有人都会心甘情愿一起约定走出"自然状态",建立国家进入"文明状态"。

今天,我们用人权这样的政治话语,来安顿自然生命的保障,然而,我们就真的有政治智慧了吗?伯林这位二十年前去世的思想家,用"价值多元主义"来概括我们的生活境况,而我们没有办法应对它。不要说国家,就拿一个家庭来说,夫妻之间很多日常琐事争执都是由于价值观不合,导致双方焦头烂额,没办法解决。前一阵上海一对"85后"小夫妻,丈夫把妻子掐死还放在冰柜封冻三个月,结果就为了琐事。所以,当今社会的离婚率那么高。离婚、分居，实际上是没有办法的办法，就是承认大家都没有政治智慧，无法生活在一起。如果既没有政治智慧还不得不每天生活在一起，那就迟早会擦枪走火。

宏大政治舞台也一样，朝鲜和韩国，本来是一家人，就是价值观不合，至今纷争不断。并且国家之间还无法"分居"，地球就这点大，没有地方让你另外买个房住出去。无法相处，还必须紧挨着住一起，就处处存在擦枪走火的恐怖。隔壁邻居也很紧张，日本已经吓得不行，如果有地方让它搬走肯定马上搬走，中国也是一样，神经高度紧绷，时刻关注局势发展。

所以说，别以为我们真的早已告别"自然状态"，进入"文明社会"了。我们看到，"文明社会"对待彼此的态度却是如此野蛮，根据亨廷顿的说法，这叫"文明的冲突"。你好好约朋友在咖啡馆聊天，突然遭遇恐怖主义袭击，你和你朋友的自然生命被屠戮，可你们与恐怖分子并不相识，冤不冤？面对 ISIS 的残忍行径，你真觉得人比相互撕咬的狼更文明吗？

而另一方面，科技进入飞速发展的时代。只要不被物理杀死，人的寿命即将远远超过人类几千年来的认知。通过不断换器官、生物医学介入，差不多到 2050 年，人——至少一部分人——可以活过200岁，乃至接近"不死"。这似乎是奇点时代的最大好消息，但如果人类仍然没有发展出政治智慧，恐怕只有极少数人到时能长生不死。

这个社会的99%和1%，本来只是社会性的不平等、共同体生活中的不平等，自然生命上并无不等。而"长生不死"的政治后果就是：因政治生活（bios）中的不平等，导致自然生命（zoē）的最后平等也被破除。以前99%的最大安慰是，你1%再风光、再跋扈，最后大家一样要死，"王侯将相，终归尘土。"但是，王侯将相现在依靠共同体生活中的既有不平等，最终能让自己不归尘土，并且通过各种优生技术的介入，从一开始就对自身进行生物意义上的改进和煅铸。于是，很快，1%和99%真的会从共同体意义的两个不平等阶层，变成生物学意义上两种完全不同的人。而以前当我们是同一种人时，我们都没有政治智慧来安顿共同生活，二十世纪还有大规模的种族屠杀，现在当生物意义上变成两种人后，还如何共同生活？

并且，在不远的未来，99%的人很快将变成"无用之人"。不要说出租车司机这种工作，连今天看上去很高大上的医生、律师等工作，人工智能做得都将远远比人好，你根本不会再去找医生看病，因为实在太不放心。人变得彻底多余、彻底无用，人的大把时间可以用来无止境地玩VR游戏，或者去人民广场排队五小时买杯喜茶。比尔·盖茨近期提出，应该对机器人收税——用人单位用机器人代替人工作，也要交税。实际上，盖茨正是试图用政治的方式（收税），来延缓人的无用化速度。但是该建议就算被采用，人的无用化进程究竟能被阻挡多久？未来那些彻底无用的人，还真的会被继续赋予民主的投票权？"无用阶级"的唯一用处，可能只有成为器官的供应者而被养着，像大白猪一样吃好喝好，直到那一天，给你一针药剂让你感觉身处仙境，然后，你就真的仙去了……奇点时代如何共同生活？我们不能只思考怎么去适应各种"认知计算革命"，几千年文明以来政治智慧仍然极度缺席的我们，现在还完全没有任何政治准备，去迎接马上要到来的未来。

下面，我们再来谈谈后人类纪的爱。爱是什么？爱又是一个我们太熟悉不过了的词语，但究竟什么是爱？要回答这个问题，我们先回到现代社会科学的地基，那就是"理性经济人"预设。

经济学、社会学、政治学各种分析模型，都建立在"理性经济人"预设上，即，人都是保全生命、趋利避害、追逐自身利益最大化。而它的升级版本，就是人的行动就是基于一套进化形成的生化算法，你以为自己拥有自由选择、自由意志，其实拆开来一切都是算法。《人类简史》与《未来简史》的作者赫拉利，他的巨大影响，就是把这个"生化算法论"用来解释整个人类史以及瞻望未来。然而，在此种思想体系里，爱，就变成了一个激进"溢出"，或者说，本身成为一个"奇点"，已有的"规则"碰到它都不再使用。

问世间情为何物？爱是可以生死相许的。"泰坦尼克号"上的杰克为了罗丝自己的自然生命都不要了，完全不是理性经济人。而按照生化算法论，产生此种算法的基因，都根本传不下去——把基因遗传下去的都应该是罗丝未婚夫这类人。那么，爱，早就该灭绝了，在人类身上彻底消失，一丝痕迹都不会留下。但为什么我们心里大都会为超越生死的爱而感动呢？因为，爱推倒了算法论。

所以，爱是一个"灾难"，理性经济人最无法控制的灾难。但如果生命里没有这个灾难呢？如果人就是算法，那么人工智能算法真的远远甩人的生化算法几个太平洋。但是AlphaGo并没有完胜，因为有东西它算不出来。

然而，为什么我们会觉得人工智能已经完胜，人类马上要被AlphaGo彻底取代？就是因为我们的世界，正如诗人徐志摩所说,"这是一个懦怯的世界,容不得恋爱,容不得恋爱!"我们身边到处都是,没有"底线"的林丹、各种"劈腿"的陈思诚、文章、陈赫、陶喆、王全安、王宝强他老婆……

但是,只有爱,让我们活得像人。

在后人类纪如何做"人"?我把这个问题留给你们。

"后王宝强时代"的入婚须知

"王宝强事件"不只是一起明星离婚的八卦新闻，它实质上标识了社会内核——黑格尔所说的伦理实体——的一个转变。就像当年南京"彭宇扶老奶奶案"一样，绝不只是一起发生在两个人之间的纠纷：到了"后彭宇时代"，整个社会的伦理实体有了根本性的改变。王宝强离婚同样如此。

我的一个老板朋友跟我说，这起事件之后，他把朋友圈几个疑似宋喆的人，全部拖入黑名单。我想，他是真的怕。很多强者，发现自己竟然随时可能变成受害者，变成王宝强，变成"宝宝不哭"里面的那个宝宝。这就是后王宝强时代。我们都说，爱情与信任，是婚姻的两大基石。但到了后王宝强时代，却发生了变化。

我们先从信任说起。我们都知道信任很重要，但信任的问题在于，它包含着一个风险：被背叛的风险。你只能期待他人是真诚的，他说的话是可靠的。现代生活中你可以通过建立契约关系来降低被背叛的风险，但生活中事无巨细都去订立合同，是不可能的。所以一个社会没有信任是无法运转的，合作成本将会高到无法承受。信任最根本的作用，就是移除你在合作中不断检查他人的负担。假设你要天天偷偷查看你老公手机，这个生活也是没法过的。

按照著名学者福山的分析，中国社会是一个低信任社会（low-trust society）。它的关键标志，就是只信任家庭成员、直系亲属，缺少一般化的信任（generalized trust）。这对整个社会的发展是极其不好的。我们的经济模式，还是以大量家族企业为主，这就是因为不相信别人，觉得还是由自己的老婆或老妈管理公司财务才放心。不只是小公司，王健林也一样，一心希望让王思聪来接替自己的位置。我们以前有句话，叫"富不过三代"，为什么？就是因为这种低信任模式，你不能引入其他精英帮你一起发展。

而王宝强事件后，我们发现正在面临更糟糕的趋势，我称之为"从低信任社会到无信任社会的转变"（from low-trust to no-trust）——核子家庭出现信任危机，信任关系彻底坍塌、瓦解。我们看到，王宝强以及之后也曝出离婚新闻的张纪中,他们两人都开了公司,都把自己的老婆安放到关键位置上,据说王宝强更是一切财务事宜都由老婆打理。但你最为信任的人,那一刀插得也最深。我的第一个问题是:后王宝强时代,你还敢进入婚姻吗?你还敢再信任枕边人吗?还是就此身处孤岛般生活?

同样地,后王宝强时代,你还敢爱吗?让我们先从精神分析角度,来区分并梳理一下爱情与非爱情。我们在亲密关系中很容易混淆两者,把别的东西当爱情。

我有一个女性朋友,谈过很多段恋爱,经历过很多次失败的痛苦,可谓伤痕累累,但她跟我说,她仍然相信爱情。她可以完全不管对方有没有房、有没有车、有没有存款,她只在乎见到那个人时有没有心跳加速,有没有心动的感觉。这,确实很纯粹。但这就是爱情吗?

于是,我们需要问这样一个问题:为什么我们会心跳?精神分析有一个术语叫"幻想"(fantasy)。它对于两性关系,具有深刻的分析力量。在遇到对象前,每个人都存在对自己理想伴侣的一个画面,或者说幻想图景。这一理想伴侣的图景,来自周遭文化的构塑,比方说以前的"白马王子",现在的单眼皮韩国偶巴、好莱坞高鼻梁小生或者更加沧桑一点的暖男大叔,吴秀波型的……你脑子里已经刻有这个形象，当生活中正好碰到一个和"吴秀波"有70%神似的人，你当然就会心跳，会涌起很多感觉——很多"心跳"，其实是幻想作祟。

但这种基于幻想的虚假爱情（fake love）注定要失败，因为吴秀波本人都不是"吴秀波"，后者只是出现在媒体上、影视节目中的公众形象，只是戏里的形象。你如果直接跟吴秀波生活在一起，他早晚也会刺破你原初的幻想框架。这就是所有基于幻想的爱情的悲哀，你迟早会遭遇真实，遭遇梦碎时分的剧痛。

那么，如何去区分幻想和真爱？我建议的方法是：二见钟情。不是一见钟情，因为"心跳"是靠不住的；也不是日久生情，那根本就不是"爱情"，里面充斥了各种"实用"的考量。那什么是二见钟情？就是你跟那个人交往了一段时间后，见识了他各种真实的缺点，甚至有些缺点还让你无法忍受，但你看到他/她时，依然会心跳，那就是真爱了。

精神分析教你另外一个判断真爱与否的方法：你真的爱上某个人的话，你不会当即有很多性渴望。第一种非爱情是幻想，第二种非爱情，就是欲望。欲望与爱情是两个不相干的频道，而且开了这个频道，那个频道就会被关闭。

男生都知道,你真的爱一个人,她不需要做什么,只是拨动长发回眸对你一笑,你就在云端了。而一群男生在那边说某个女生多少胸围多少臀围时,肯定没有一个对她有真正的爱意。爱的对象永远是整体,而欲望永远欲求部分性的对象(partial objects),如胸部、臀部、长腿……

什么是爱情呢?爱指向一种非常状态,英语里叫做"fall in love"。fall是一种坠落、失重的状态,一种自己都无法控制的状态。你脑子里会一直想念某个人,茶饭不思,魂不守舍,平时的生活节奏全部被扰乱。甚至你也并不想陷入这种状态,但是一种强大的力量侵入了进来,就是挥之不去。那个人占据了你的脑子,让你工作也心不在焉。

而欲望(sexual desire),则指向人的一种生物性状态。如今都市男女会发生很多一夜情(one night stand),"90后"甚至发明一个词叫"约炮",一晚疯狂,醒来后第二天照样工作,一点不受影响。这个就是欲望。欲望与爱情是完全不同的东西。而且当下越来越多的都市青年,选择躲避爱情,追逐欲望。没人羡慕初恋就是马蓉的王宝强,但很多人内心都羡慕陈冠希,尽管嘴里还在骂他渣男。为什么都不愿意爱?那是因为,会有爱的代价。

真正爱上某人,就是将你所有的脆弱性暴露在对方面前。爱隐含了绝对的信任。我们前面说到了信任，信任可以不涉及爱，但爱一定包含了绝对的信任。在爱另一个人时，你给了他或她摧毁你的权力，希望/信任他或她不会使用这个权力。我不是一个很八卦的人，但我觉得，王宝强可能真的很爱马蓉，他也确实给予了对方绝对的信任。所以王宝强今天落了个这么惨痛的下场，说到底，也没有什么可叹惜的——这就是爱的代价，这就是爱的风险。真正问题是：在这个后王宝强时代，你还愿不愿意去爱？或者说，王宝强自己还愿不愿意再做王宝强？还是大家都去做不断换女生的陈冠希？

第三种非爱情，我们更清楚了，就是物质欲望。有一句老生常谈：婚姻就是把自己卖个好价格。以前人们约会时，会拐弯抹角地试探打听，对方有没房子、多少存款……今天的相亲网站为什么会那么成功？我的分析是：它们最大的绝活，就是把你以往还要遮遮掩掩的行径，彻底常态化了。你在相亲网站搜索的时候，直接设置筛选条件：1米75以上、有房、有车……那么1米7的就没了，直接成为"剩男"，没房的直接消失，大家不用浪费时间在约会中委婉试探，搜索引擎已经直接替你把他们干掉了。

相亲网站时代，人被赤裸裸地商品化。并且，你上相亲网站的体验，和上淘宝网的体验完全一样：（1）按需搜索，输入你的各种需求；（2）出来一大堆经过了各种修饰美化的图片：你网上看到的衣服跟你收到的肯定不一样，你碰到的真人跟网页照片也绝对不一样，全部见光死；（3）看完图片和文字介绍，就下单付钱、购买"邮票"，取得约会的机会……所以，当你注册了相亲网站账号后，就是把自己放到了货架上。我们这个时代出现了各种相亲服务、相亲真人秀、相亲网站，熙熙攘攘好像满满都是爱，但我们实际上正离爱情越来越远。

那么，最后就是这个关键问题：不以爱与信任为基础的婚姻是否可行？有些基于物质的婚姻或者各取所需式的婚姻，你取美貌我取钱财，也走到了老，并没有像王宝强那样崩掉。确实，我们身边这样的例子并不少。我要说的是：这就涉及主体性的选择。各取所需式的婚姻是可以走到终老，但也很可能因为同样的理由随时分崩离析。比如一个更有钱有地位或更年轻美貌的人出现在生命里，就像马蓉碰到了宋喆，那就只有"宝宝不哭"了。

最为关键的是，爱情和婚姻，这两者存在结构性的对立：爱情是一个非常状态，而婚姻是一个日常状态。如何将非常状态常态化？It takes works. 需要卓绝的努力。像好莱坞电影《消失的爱人》里说的，You can't get lazy. 在婚姻中你不能偷懒，必须不断地投入时间和精力。精神分析的重要一课就是：分开是自然态势，你不做什么事情就会分开；而在一起，则是人为努力。我们经常说"在一起在一起"，结果那一对对爱人最后都没有在一起，很多人甚至在结婚时就以婚前协议等方式想好怎么离婚、怎么分开……

我很喜欢的哲学家巴迪欧认为，对爱的忠诚，使我们成为主体。换言之，我们并不直接就是主体。我们需要通过自己的伦理实践，尤其是对爱的忠诚，而成为一个主体。今天分析了在这个后王宝强时代爱的所有风险，爱的所有脆弱，爱可以让你比王宝强还惨。剩下的就是主体性选择、生命的选择：你还愿意去爱吗？

我把这个问题交给你们。

相亲不是相爱，
它只是寻找适配的器官

爱情，是日常生活的一部分。但是，我们真的对它做过思考吗？

爱情有一个属性：它是"遭遇"到的。你没法准备，也无从准备。你可以选择某个人去结婚，选择某个人去谈恋爱，但是你没有办法选择某个人去爱。而那些准备好的爱，是相亲，是猎艳，不是真正的爱。

遭遇爱情不是件幸福的事

凡是经历过爱情的人都知道，当我们喜欢一个人时，想不喜欢是不容易的。我们的脑子情不自禁会去想念对方，完全不受控制。在这个时候，我们原有的日常生活节奏、平衡全被打破。

之前用于处理日常事务的精力,在遭遇爱情后当即被全部吸入一个神秘之域,伴随着种种心跳、悸动、不安、魂牵梦绕、神不守舍等各种反应。换言之,人遭遇爱情时,没有精神去做任何事情,整个人都陷到爱的旋涡之中。"遭遇"爱情的感受,只能是堕入(tall)。堕入爱之后,整个人就无法好好安排日常生活。

可是,难道爱情就不能欢快地"堕入"吗?以日剧《东京爱情故事》为例,它向我们说明"堕入"的感觉并不欢快。《东京爱情故事》描绘的其实是一个逃避爱情的懦夫的故事。不只是年轻人会成为爱的懦夫,跟上了一点年纪的人谈恋爱更是有风险,因为他更不敢为爱痴狂。爱情是有代价的,青年时没什么好失去的,而成年之后就不想失去已经拥有的东西。

但是这里所说的代价,并不是从爱的角度讲的。从爱的角度来说,没有"代价"这个词,人们在真正感受爱情时,不会计算每天损失了多少钱。而那些会衡量爱的代价的人,即使碰到爱情,第一反应就是割断,因为他要忙着赚钱,要日进斗金。学者也是,每天要写书,一旦陷入恋爱,就没了学术产出。爱情,绝对是个灾难。

爱情是灾难，却使我们活得像人

既然遭遇爱情并不是愉快的体验，那人们为何还会如此渴求爱情呢？这里引用齐泽克的一段话："当我全情投入爱中，我准备好将自己献给这份情，即便我提前知道它可能将以灾难告终，即便我提前知道在恋情结束后我会痛不欲生。"即便是死路一条，爱人也愿意付出自己的所有。

在精神分析里有个词叫"死亡驱力"（Death Drive，弗洛伊德认为，这是一种要摧毁秩序、回到前生命状态的冲动），它告诉我们，人的生活不只是存活，光会吃饭喝水不能叫做人。死亡驱力不是求死，而恰恰是让我们超越日常生活的动力，冲出日常状态本身去活。

古典文学作品《梁祝》中，为什么最后要化蝶？因为只有这样才代表肉身死去后，还有一个叫"死亡驱力"或者"爱"的东西，不但继续持存，并且更具有生命力地持存。

从齐泽克的表述到《梁祝》的指向，爱都是一场灾难，甚至是比生活中其他灾难更为根本性的灾难。因为爱跟死联系在一起。所以说爱其实是个坏消息，但正因为这个坏消息，你才活得像人。

不要相信一见钟情，要相信二见钟情

我们现在社会讲的"眼缘"，其实就是讲外表好看、颜值高。然而我们现在的审美标准，实则恰恰体现了审美的殖民化：如今"美女"的标准就是以高加索人为标准，锥子脸、丰乳肥臀。而事实上亚洲人身材都是比较平的，脸比较圆。我们所说的民国范儿的美女，比如林徽因、陆小曼，就是脸圆身材平。要是放在今天也不是标准美女了。

这种由看脸得来的"感觉"，只是一种幻想。当我们产生心跳感觉时，真的是喜欢这个人吗？或许可能只是这个人恰恰符合了我们幻想中的形象。在精神分析学中，幻想就是告诉我们什么叫帅或美。那么，如何把幻想和真爱区分开来？

要相信二见钟情，而不是一见钟情和日久生情。一见钟情多半是幻想，而日久生情则把熟悉误认为感情。而二见钟情则不然，你初看一个人，起先并没有什么感觉，但实际上已堕入爱中，你只是还不知道，要等到二见时才"发现"，正如文学家亨利·詹姆斯的那句"她已经爱上他，她只是还不知道而已"。爱是发现，不是选择。

区分真爱和幻想的另外一个标准是，当你看到某个人，不是特别有性渴望。对于相爱之人，性的欲望是后来的，是随着爱才来的。

今天我们所说的颜值、权力、地位以及欲望，都扮演着阻碍、混淆你对爱情的感受的角色。你以为你爱他，也许你爱的是他家里的豪车。所以，在今天这个看脸的世界，恰恰还是古人说得好，赏心，才能悦目。

今天的相亲就是过去的包办婚姻？

颜值、权力、地位以及欲望等因素阻碍和混淆人们对爱情的判断，具体到生活中，与之最相关的事情就是相亲。今天的各种相亲服务、相亲网站、相亲节目等，正在使人们丧失爱的能力，或者对真爱的渴望。

相亲，实则正是当今社会的包办婚姻。过去包办婚姻是两家人谈条件，现在则是通过这些相亲服务谈条件。比如你上相亲节目是要看条件的，不是所有人都有资格上节目的，需要筛选；而相亲网站，你搜索的时候，要设置车、房、身高、工作等限定条件，很多人一开始就被筛选掉了。

所以，这些方式可以说是将人商品化。

  但是，爱情不是去找相亲网站上许诺的高匹配度，那是在找器官。如果你在参与的过程中默认这一秩序，爱情的真意就已经被你抛诸脑后了。

爱的三部曲：事件·实践·时间

爱的四种主流话语

爱情，是我们日常生活中最常见的话题之一，流行歌曲里满是爱，电影电视剧里满是爱，政治家、宗教领袖、乃致心灵鸡汤写手，也全都喜欢谈爱。今天爱的话语铺天盖地，泛滥不已。如果对这些话语做一个分析与梳理，我们可以看到：当下爱的主流话语，主要有四大类。

首先，对爱情的浪漫主义阐释，是最具有大众影响力的爱的话语。爱情的美妙和喜悦，尤其是两个人初相见时的美妙感觉、脸红心跳以及随后的相思、魂牵梦萦，不仅日常生活中我们或多或少都有这种感受和体验，而且从古至今的文学作品，从诗歌到小说，也深深充盈了浪漫主义爱情，而现在的影视作品，不管是大银幕还是小屏幕，则更放眼皆是爱的主题。在今天，说到爱情，人们脑海里浮现出来的，恐怕主要都是浪漫主义爱情。

其次有影响的，是对爱情的法律主义阐释：爱情归根结底是两个人之间的契约。这种对爱情的理解，也是相当有市场。不要被浪漫冲昏头，最初的心跳往往是靠不住的，爱情必须通过契约才能够形成稳固关系。对爱情的法律主义阐释亦包含一种商业主义的变体，换句话说，明确承认爱情的契约包含着利益关系。爱情的真实基础，就应该是利益互换——"门当户对"，长久以来被认为是爱情可以持久的物质基础。今天各种婚恋网站，更是赤裸裸地把"月薪"、"有房"、"有车"等等作为搜索时的选项。"世纪佳缘"的口号是"勇敢爱！"这个"爱"显然就直接包含了利益确认。

第三种爱的话语，是对爱情的怀疑主义阐释。爱情十有八九不成"正果"，甚至带来一辈子的创痛。这种高比例的失败，使很多经历者会倾向于爱情的怀疑主义话语：爱情很不靠谱；甚至，爱情是幻像、是一个欺骗心灵的海市蜃楼。它只是深奥而虚幻的诡计，以保证物种的生存。对爱情的怀疑主义阐释包含一种身体主义的变体，换句话说，爱只能是性爱，性是实在的、可捕捉的，但纯粹的爱则是梦幻泡影。李安2007年导演的电影《色·戒》对张爱玲原著的改编，就是基于对爱情的身体主义理解：只有通过身体反复"确认"的爱情，才是真实可感的。李安在电影上映后的一个采访中说道："在影片里，王佳芝演戏动了真情，这就是着了色相。"可见，对于李安来说，"色"和"真情"是同一个东西。正是基于这一理解，电影《色·戒》以极度出位的刺激性方式，对性爱做了赤裸裸的视觉表达；而在张爱玲原著中性的描写极其稀少，一笔带过。对爱情的这种怀疑主义—身体主义观点，在今天其实很泛滥："约会"，在今天已悄悄地被另一个词所取代——"约炮"。

最后还有一种，对爱情的实用主义阐释。实用主义爱情观认为，浪漫主义所宣称的那种爱情，是一种没有用处的冒险；最实际有效的，是通过消费（从浪漫大餐到卡地亚钻戒……），温情脉脉地建立配偶关系，并在避免激情、坠入爱河的基础上，合理安排充满愉悦与享受的性关系。这种阐释并没有走到任何一个极端，如强调性爱或利益，而是将这些因素囊括其中。日常生活中，许许多多人实际上是用实用主义的态度来对待爱情——爱情没那么浪漫，也没那么势利或色欲熏心。爱情只是生活中的一块，甚至只是一小块，能够比较经济有效地处理它就可以了。换句话说，不要太把它当回事！

我们看到，尽管对爱情的浪漫主义论调看上去最喧嚣、最有影响，然则，契约主义、怀疑主义和实用主义实际上的影响一点也不弱于浪漫主义。然而恰恰值得追问的是：这四种关于爱的主流话语，真的就穷尽爱了吗？当代哲人阿兰·巴迪欧在出版于2009年的《爱之颂》中说："爱情正在备受威胁"！巴迪欧认为，今天作为一个哲学家，必须要捍卫爱。哲学的英文为"philosophy"，"philio"（philia）就是爱。哲学就是爱智慧；而智慧者，就是沐浴在真理阳光下的人。于是，爱，是哲学的起点，真理是终点。

通向真理：千万别犯二？

我们看到：哲学这个词本身就意味着，爱情，是通向真理的通道。巴迪欧更是直接说，爱情是四大"真理程序"之一，或者说，哲学的四个条件之一（其他三者分别是科学、艺术、政治）。那么，一个关键的问题就是：爱情通向的，是一种什么样的真理呢？

爱情，让我们走向——借用巴迪欧的术语——"关于'二'的真理"。爱情把我们从"一"带到"二"，这也许再简单不过，没有人会对此有异议。但是，"二"到底意味着什么，很少有人真正想过这个问题。爱带来的，实则是一个生存性的剧变：在遭遇爱之前，人只是一个单子，是一个"一"。爱打开了从"一"通向"二"的通道，将差异插入到同一中。

我们所熟悉的真理，都是关于"一"的真理，这个"一"可以是太阳、黑猩猩或者美国、特朗普，抑或战争、房价……"一"本身构成了一个整体单元。而"二"的真理不是关于某种统一体的真理，而是关于绝对差异的真理。"二"的真理首先不是让我们获得普遍性，而是有限性。"二"，被巴迪欧称为"有限性的第一次打开、最小但是最激进的打开"。

在爱中，人意识到自己对世界的体验是彻底有限的。爱带给每个个体生命的，是一个"二的场景"，或者说，绝对差异的场景。这个场景，在你遭遇爱之前，并无法进入。在该场景中，个体冲破对世界单子式、唯我式、自恋式的体验，转到对"二"的体验，也就是说，对绝对差异的主体性体验：他/她开始通过"二"的视域（亦即，去中心化的视域）来体验世界，重新审视一切事物。

于是，成为一个爱者（lover），意味着你不再是此前的你，意味着你必须去想，成为"二"而非"一"意味着什么。"lover"，绝不意味着你仅仅是某个人的"爱人"，而是意味着你自身的一个主体性剧变。换句话说，"lover"是和"thinker"、"philosopher"一样的词，它指向的不是一种人际关系，而是个体自身的实践——"to think"、"to philosophize"、"to love"。对一个个体而言，在爱中，意味着和他人共同一存在，建立"二"的视域。换一种方式来说，在爱中，两个人"合体"（incorporation）成为独特的主体——爱的主体。这个主体，从差异性构建世界，以"二"而非"一"的方式构建世界。爱，开创一个独独属于两个人的世界，并产生出关于差异的真理。所以，爱确实如巴迪欧所说，是一个"真理程序"，是建构真理的一种独特体验。我们爱真理，所以我们喜欢去爱，也喜欢被爱。

爱通向"二"的真理意味着：爱不是对你爱的那个人的一个体验，而是对世界的一个体验。爱意味着不是各看各的，而是通过"二的场景"来看世界，而不只是看另一方。所以，流行歌里唱到的"我的眼里只有你"（黄小茂词、景岗山演唱），但这恰恰不是爱，因为还是唯我式的、自恋式地各看各的。一旦没有转换成"二"的视域,那现在"你的眼里只有她",之后你的眼里还会出现别的对象,你仍然可以一个人看得目不转睛。甚至就算你对眼中的"她"爱到耗尽生命,仍然不意味着你在爱中。很多艺术作品讴歌那种耗尽自己生命的爱情,称之为真爱,但实质上这仍然是"一的场景"。当真正通过"二"的视角来看,你的眼里不会只有她,而且有整个世界。故此,爱不仅仅是两个个体之间的一个"关系",而是迈向真理的一个通道,是生命的一个重新创造,是让世界重新诞生的激进实践。

正是在通向真理的意义上,爱和政治具有十分相似的结构。爱是"二"的真理,它使得我们以富有创造性的方式来处理差异。而政治是"多"的真理,它不只关涉两个人,而是很多人。政治使得我们转到异质性的视野,以创造性的方式来追求平等。爱,实际上是最小的共产主义。爱让我们超越自私、自恋、对事物的私人占有,而是共同—生活,在共同中持存。爱,让我们对共产主义始终保有信心:人的共同—生活能够整合所有的"前政治"的差异。那是因为:他/她是谁、出生于哪里、讲什么语言、具有什么文化,都构不成爱的创造的障碍。在巴迪欧这里,爱和政治都是产生真理的程序。爱生产的真理之序列是:

一、二、无限。政治生产的真理之序列是：一、二、多、无限。并且，爱和政治，都包含事件、宣言与忠诚。所以，真正的政治家，必须是一个爱者。

爱与欲望：哪个才是骗局？

在前面所分析的四种爱的话语中，最需要警惕的，就是对爱的怀疑主义——身体主义解读。爱经常被理解为性爱。今天大量的智者宣称：爱并不存在，只是性的装饰，给性欲一个好看的门面。换句话说，只有欲望存在；性的欲望和嫉妒，产生出"爱"这种虚幻性的东西。

在对爱的怀疑主义解读中，罗兰·巴特的论述最有分量。巴特在《爱者絮语》中提出：爱是一个回溯性的虚构。爱是我们发明的故事，并回溯性地施加于我们的体验之上，把它转变为叙事。爱恋的现象，只是一段插曲（episode），所以我们叫恋曲。它有一个开始（一见钟情）和一个终结（情逝、渐变无情、感觉消失、抛弃、自杀……）。爱的开始，是爱真正让人们着迷的部分；然而恰恰是爱的开始场景，根据巴特之见，彻底是回溯性重构出来的：永远是在事实之后，我重构了关于我当下体验的一个画面，而过去则在我的叙说中与这个画面相配合。

所以巴特说:"没有爱是原始性的","爱产生自他人那里,产生自语言、书本、朋友",爱者的话语产生自"关于那些地点(书本、邂逅)的记忆"。爱是话语性构建出来的,是先前各种爱的宣言的一个蒙太奇拼接。爱自身,是爱者对诸种既存话语的操演性的再发布。说得再彻底一点:爱就是剧本;爱者都只是在念台词的演员,如此而已。

巴特的小书,可以视作"解构主义"思潮中的一支:它对爱施行了一个彻底的解构手术。但这样一来,爱就成为虚饰,而只有性才实实在在。爱成为冗余、骗局,那么结果是:两性之间,就只有性了。

表面上看,"性比爱实在"这个论述很难被推翻:性有物理性和生理性的证据,完全和身体关联,而爱仅仅是言辞的宣称。哪个真实哪个虚幻,似乎一目了然。然而,雅克·拉康所开辟的思想传统,恰恰彻底颠倒了这个次序:"我爱你"这个言辞,才是真理,性的欲望才是骗局。

拉康提出,爱与欲望的根本区别就在于:欲望只看见部分性对象,譬如胸部、臀部,而爱聚焦对象的全部、他/她的总体性,不是选出一部分而拒绝其他部分。难道不是吗?当一个男生满眼只注意到对方胸部、臀部、大腿,甚至只是对方的锥子脸时,他会爱那个女生吗?拉康主义精神分析的一个关键论题就是:"并不存在两性关系"。换句话说,性,实际上只是以他人为媒介和自己发生关系。巴迪欧和斯拉沃热·齐泽克比拉康更直接地提出:所有非爱的性互动,都是彻底单子式、自渎式的。另一个人的身体,只是你自渎时的一个工具而已。

爱有着本体论的维度,对方以其所有的一切(不只是颜值),喷发进我的生命,我的生命被打断、被重新组织。在爱中,当你把身体交付对方,身体层面的"快感"反过来是继生的,是爱所制造的效应。把身体交付对方,实质上是把自己交付给爱:身体的沟通,成为爱的言辞的物理表达。有爱的存在,性生活才真正成为两个人的事,才能成为"做爱"。在这一点上,齐泽克说得很到位:"真正的爱,在其自身中便是充足的,它使得性无关轻重——但正是因为'在最根本意义上,性并不重要',我们才能彻底地享受它,而没有任何超我的压力"。故此,爱可以涵盖性,反过来则不行——性只是1+1,但没有产生出"二"。

爱涵盖性,这也使得爱不同于友谊:友谊不包含身体接触,而爱则是和对方的总体性相关联。身体的交付,变成该总体性的物理象征,不再是性的物理证据。每一次

"做爱",都是让彼此迈向"二的真理"的努力,都是在互相确认共同重新发明生活——这个实践,就在身体层面上开始。巴迪欧说得尤为浪漫:爱知道自己在那里,当每天早上醒来,爱者的身体会捕捉住爱。

爱的首部曲:突然发生的事件

那么,我们如何通过爱走向真理呢?爱包含三部曲:事件、实践、时间。这三部曲在严格意义上并非先后关系,而是结构性关系:三者彼此缠绕,共同编织出爱这首恋曲。

首先,爱就是一个相遇的事件,是日常生活中突然刺出的一个事件。经典日剧《东京爱情故事》有一首主题曲,叫"突然发生的爱情"。爱情,就是一个突然发生的事件。这个事件充满偶然性,无法依据世界的诸种法则来加以预计或计算。没有人能提前安排遭遇爱。你没有赶上班车而很偶然地走进咖啡馆,你很偶然地参加了室友组织的一个狼人杀活动,你正好这一秒而非下一秒站在了那个拐角扶住了差点滑一跤的他/她……稍微一点点的变化,你和爱情就擦肩而过。

爱跟选择无关,你可以选择咖啡的口味,你甚至可以选择工作的地点，但没法选择是否进入爱情。爱直接撞进来，你直接坠入爱中。即便你很想遭遇爱，走遍城市或校园每个拐角，"向左向右向前看"，却仍然遇见不了。但当你彻底没有准备，甚至根本没有打算找寻爱，却突然之间遭遇爱情，突然之间"fall in love"。这就是作为事件的爱。

进而，爱这个事件，彻底打断你日常的生活秩序。"fall"是坠落，是一种失重状态、自己都无法控制的状态。甚至你也不想要这种状态，但就是赶不走，一种强大的力量就这样侵入了进来。他/她占据你整个人，使你茶饭不思，魂不守舍，平时的生活节奏全部被扰乱，被吸到一个旋涡中。平时那些你心心念念的事，现在却变得毫不重要——爱让你对此前一切事物有了彻底全新的体验，套用尼采的话，让你彻底重估了一切价值。爱情不遵守任何日常生活的规则或律令，它是一个刺破整个日常秩序的事件，是对你生活平衡状态的一个灾难性破坏，对你此前单子式体验的那个"世界"的一个激进打断。爱这个相遇事件，把你从"一"的场景不容分说一把推进"二"的场景。

爱的事件，让你突然发现，自己并不是一个自足的单位。你并不是一个"满"，而是一个"缺"。黑格尔说："在爱中的第一个时刻就是，我不再希望是一个自足的、独立的人，我感到自己是有缺陷的、不完整的。第二个时刻就是，我在另一个人之中找到我自己，对应着我内部的某样东西。"在黑格尔看来，爱让我们牺牲自己狭隘的自我中心主义，重新降生为一个包含他者的整体。爱，让你打破自恋和自满：在另一个人之中的"你自己"，构成了你自己的一个激进溢出，但这个溢出性—否定性元素，冲开了自我的虚假的整全性。

作为事件的爱情，激进地重新定义你的生活：事件之前，这样的过去并不存在；事件之后，似乎从一开始从来就是这样。此前人生所有的弯弯绕绕、所有的苦、所有的选择乃至所有的小插曲，都在这个突然到来的事件中，获得了它的意义——就是让你在这个时间这个地点遇到这个人。换言之，这个无法预测的事件，却赋予了相遇的两个生命以全部意义——不仅是之前的人生获得了全新意义，并且此后的人生也获得了全新意义。爱，使两个人生命轨迹发生交叉、混合、关联，之后变成两人的共同归宿和共同意义。他们通过"二的场景"，不断地重新体验世界，感受着全新世界的诞生，包括孩子的诞生。

事件性的相遇，完全不受人的操控，它彻底随机、偶然，和运气相关，纯粹的机运。所以，爱，往往被体验为一个奇迹。然而，这个奇迹，又带着命中注定的色彩。爱，似乎同时具有偶然性与必然性这两个相反的特征。这是怎么可能的呢？

爱的实践：从说出"我爱你"开始

爱之所以可能，正是在于它并不只是事件，并且包含主体性的实践。作为通向真理通道的爱，恰恰包含了驯服偶然性的主体性努力。否则，最初的一个纯粹机遇、运气，怎么可以成为真理建构的支点？把爱从纯粹偶然性那儿拔离出来的力量，来自爱者的主体性实践——最根本的实践，就是做出爱的宣言。最纯粹的爱的宣言，就是这三个字："我爱你。"

有意思的是，在今天，"我爱你"指向两种全然相反的状况。第一种，"我爱你"只是想把对方弄上床的诡计。这种诡计使得"我爱你"这句话变得彻底无意义，使它成为一个陈词滥调。第二种"我爱你"，是我让对方知道，这就是让我全情投入的一切，我日后所有生命将围绕它重新组织。在这个意义上，说出"我爱你"，是一件绝不简单的事。我们看电影或美剧就会看到，很多人会想尽办法避免说"我爱你",用各种方式替代,就是不让自己说那三个字。

恩贝托·艾柯提出了第三种看法:包括"我爱你"在内,每一种爱的宣言,都已经是自我有意识的对早前浪漫的一次引述。每一次新的恋爱,感觉都是彻底唯一的、原始性的、本真性的体验,但实际上都是重复、抄袭:抄袭别人、甚至抄袭自己。所以尽管"我爱你"之类早已是陈词滥调,但说出去仍然效果非常好。艾柯建议,在后现代社会中,我们要清楚地意识到爱的重复性、平庸性。不难看出,艾柯的论述,和巴特一脉相承:在巴特这里,爱者絮语总是产生自别人那里,产生自语言、书本、朋友。

巴迪欧的看法,完全同巴特与艾柯相反。"我爱你"尽管只是言辞,但把它"说"出来这个实践,却恰恰是激进的行动。"我爱你"这句话,把"我"和"你"这两个无法指代同一对象的代词,以一种去单子化的激烈方式联结在一起。巴迪欧指出,爱的语词和诗的语词具有结构性的相似:一个存在于爱与诗中的语词,其效应几乎通向无限;最简单的语词,却被注入它几乎无法承受的密度和强度。那是因为,和诗的语词一样,爱的宣言,就是一个从事件过渡到真理的构建。

不管如何表达，爱的宣言总是意味着爱者要从单纯的运气、机遇、概率上，提取出某种全然不同的东西，某种将会延续、将会持存的东西，那就是：一个承担（commitment），一份忠诚（fidelity）。换句话说，要从事件过渡到真理，概率、运气、偶然性，在某一时刻，就一定要被抑制，被转化成可以延续的过程。而爱的宣言，就标识了这样的时刻。这样的主体性实践（宣言、承担、忠诚、创造……）的时刻，则指向了绵延的时间。关于爱的主体性实践，贯穿了相遇的事件与绵延的时间。爱所通向的真理（"二"的真理），是一个需要被建构的真理。而爱的宣言也好，在"二"的场景中创造"世界"也好，都是将偶然上升到命定、从事件上升到真理的主体性实践。

在这个意义上，对于爱者来说，"我爱你"不仅值得说，并且值得经常说："I love you"，"I love you so much"……爱，就在这些语词每一次被言说时，得到具化。

在爱中：瞬间不是永恒

今天关于爱的话语，很少涉及持续性。譬如银幕上的爱情故事，都是结束在两个人"在一起"的 happy ending，似乎爱自动就会延续下去。同样有意思的是,银幕上那些直接从"在一起"之后讲起的故事,则完全不再关涉爱的持续,而是转到婆媳、出轨、宫斗(或者和小三斗)、霸道总裁爱上单身妈妈等等内容……换言之,今天爱的话语尽管泛滥,但最多只有上半场没有下半场,只是奇迹没有延续,只有瞬间的灿烂(事件)没有永恒的光明(真理)。

对于爱者来说,真正重要的恰恰是下半场:上半场的相遇彻底不可控,而下半场的延续才真正和我们的实践相关,才是完全在我们手里面、能被我们抓住的部分。然而,现在极度流行的,却是"瞬间即永恒"(eternity is the moment)这种说法:似乎只要瞬间发生过火花,你就体验过爱了。这要归功于在艺术领域各领风骚的超现实主义者们,对于后者,爱只有奇迹、事件,不涉及延续、绵延。正是为了反驳这些超现实主义者,巴迪欧提议:爱的话语里不妨奇迹性少些,更多聚焦艰苦的工作,聚焦那些在绵延时间中的不懈实践。正是在这里,巴迪欧引入"忠诚"概念。忠诚不只是两个人彼此承诺不和他人上床,而是对作为事件的爱的忠诚,让事件不白白发生、瞬间喷发后就迅即消失殆尽、在岁月中了无痕迹。换言之,忠诚,就是让奇迹延续下去的主体性实践,让事件去拥有永恒的属性。

故此，就爱而言，事件、实践和时间彼此纠缠。事件不是一次性的。"在一起"以后、进入"二的场景"以后，奇迹性的事件仍然会继续刺出，如怀孕，孩子降生。换言之，在两个人的生活过程中，将会有很多时刻，让我们以不同的形态重新回到事件性的地点，在这样的点上，我们必须重新做出爱的宣言，甚至是以紧急的形态。于是，爱的宣言也绝不是一次性的，不是当时"海誓山盟此情可问天"、事后"此情可待成追忆只是当时已惘然"。爱的宣言是长期的、分散的，甚至困惑的纠缠的，需要不断重述，并注定要一次又一次地重述。甚至在爱的宣言将事件构建为真理之后，仍然会有新的事件涌出，让你重新回到开端，再次重新作出宣言。"I love you"是一个爱的宣言的实践；"I am in love"是一个在时间中绵延的状态。但只有不断的主体性实践，才能使永恒降临。

爱，就是持之以恒的建构，坚持到底的冒险。巴迪欧曾经在《爱之颂》中谈到了自己的故事。那时他已七十多岁，回顾自己的一生，巴迪欧说：他只有一次抛弃了爱，那就是他的初恋。当他意识到这是一个错误、想去补救这份爱时，一切却为时已晚……在后来的人生中，巴迪欧说，他再也没有放弃爱。曾经充满犹豫、心碎、各种冲突，但再没放弃过爱。爱上她,就是永远爱上她。这位哲人已垂垂老矣,但他说出那番话时,是何等的顶天立地!

发生在我们个体生命中的爱的事件以及随后那一个个看似微不足道的行动,在生活的微观层面,却真正是激进的事件,在其坚持和延续中,承担着普遍的意义。尽管开始的相遇总是机遇性的,但一旦爱长时间延续,并且带来对"世界"的全新体验,那么回顾来看,它完全不像随机和偶然的,而几乎像是一个必然。爱者关于爱的主体性实践,就是从概率事件中,建构出充满韧性、似乎就是必然的事物——即,宿命(destiny)。

莫做爱的逃兵

我们看到:爱结构性地包含(1)事件性的爱和(2)在时间中持存的爱;而爱者通过(3)不断重述爱的宣言的主体性实践(担当、忠诚),事件(偶然性)在时间(绵延性)中指向永恒(真理)。爱的根本关键——也是最大难题——就是在时间中刻写这份永恒。

诚然,对于个体而言,那种从概率到宿命的上升,无可避免会带来巨大负担:你不敢去想像"永远"意味着什么。更糟糕的是，没有任何东西保证你用尽努力，爱就一定会持存、会胜出。这使得很多爱者最终怯场，做了爱的逃兵。然而问题就在于：任何时刻，你一旦放弃，爱便消逝。

在《事件》一书中，齐泽克曾动情地写道："当我全情地投入爱中，我准备好将我自己献给这份情，即便我提前知道它可能将以灾难告终，即便我提前知道在恋情结束后我会痛不欲生。但即便在这个悲惨的点上，如果有人问我：'这值得吗？你现在就是一个破碎之人！'回答是：'当然值得！它的每一瞬间都值得！如果让我重新再来一次，我也愿意！'"爱的实践，就是一个点接一个点地去行动、去爱，不问代价、不计回报。爱不需要特殊的献祭仪式，不需要"真情不够，钻戒来补"，只需要那使相遇不再偶然的主体性承担，只需要对爱的宣言不断进行重述，一个词一个词地把概率打败，一天一天地把概率打败。

投入爱中，就意味着投入一场坚持到底的冒险，意味着不断合力去开创前方的绚烂美景。爱者，必须充满韧性，一吵架就放弃，一言不合、意见不同就分手，是对爱的羞辱。真正的爱，是对困阻障碍的持续的、甚至苦痛的胜利。我做讲座时经常有听众问我，爱要如何"保鲜"？我的回答很无情：爱，是无法被"保鲜"的。"保鲜"这个视角本身就是问题（而非解决方案），因为你无论怎样保，都是保不住"鲜"的。厨房里的"保鲜膜"，最多只能延缓食物的变质，而已。爱的实践，不是去"保鲜"，而恰恰是去创造——不断创造"鲜"，不断创造全新的"世界"。爱不只是两个人过家庭生活、"过日子"，而是不断地重新创造，不断让遭遇爱这个偶然事件具有时间中的绵延性，以至同一个不认识的人的相遇的绝对偶然性，最后产生了命运、归宿的气象。

爱者的主体性实践，就是努力使纯粹偶然性、随机性的事件，最终上升为一个具有永恒属性的真理。用更简明的方式来说，爱的实践，就是去消灭"人生若只如初见"之类的感慨——与其诗性慨叹，不如激进行动！"我爱你"，就是"我永远爱你"，就是我永不放弃。否则，人生就每次只能"初见"（相遇的事件），之后如同厨房里的食物那样每下愈况，差别只是腐坏的速度而已；彻底腐烂后再另找个人，重新开始腐烂过程——这是对爱的不断羞辱。时间的绵延，本身就预设在爱的宣言中；爱的实践，就是去努力将概率锁定在永恒的框架中。爱者在"二"的体验中，一个点接一个点地建构爱的真理，在时间中建构永恒。通过创造某种持存的东西，一个"世界"才真正地诞生。

  流行歌曲唱到"死了都要爱，不淋漓尽致不痛快，感情多深只有这样才足够表白"（姚若龙词、信乐团演唱），确实非常痛快、非常淋漓尽致，然而在共同一生活中持续地爱、永不放弃地爱，才是真正的淋漓尽致，才是用全副生命"表白"爱。是以，爱的工作（work of love）比爱的奇迹（miracle of love）更关键，不断地思考、行动、改变、创造，尽管繁重、尽管看不到头，但诚如巴迪欧所言，"幸福，会是所有工作的内在奖励"。

激进行动，就跟在爱中一样

——"激进的思想，是一场日常生活革命"谈话实录

"激进"在我们汉语学界里面，其实已被多次讨论。激进的反面是什么？是保守。激进和保守，是两种姿态性、而非实质性的概念，必须针对同一个东西，才能说这是激进，那是保守。那针对的东西是什么呢？是现状，英语里叫做 status quo。成为保守主义者有各种理由——可能是由于从本体论上认为，存在着自然秩序，存在着"天道"，不能更动；或者出于尊重传统、习俗，强调应该保存现有的东西；或者出于实用主义的衡量，认为现状是"最不坏"的；甚至乃是基于个人利益，强调必须保持现状。不管用哪种理由，保守主义者的态度非常鲜明：现状就是最好的，任何一点点改变都是要不得的。

而激进的态度恰恰相反。它认为今天的现实是绝对不

够好的，希望有所改变。在激进主义者看来，任何现状都要往前突破，没有一个世界可以自我封闭，自我宣称这是最好的，我们就这样了，不需要再去做出改变，就像科耶夫所说的，到了历史的终点，每个人剩下的事就是吃饭、做爱、嬉戏，这就是人可以拥有的最好的世界……我理解的激进，就是一个态度，一个对当下现实的态度。对于激进主义者来说，必须有所行动，必须明确一个态度——改变当下现实的态度。所以激进思想里，关键的就是否定性的行动。"否定"的根据是什么？是人类一种坚定的态度：这个世界永远无法抵达自身的完满。内在于世界中的缺品使我们能够坚挺地表示，我们不会单纯地接受现状，不会认为现状已经很完美了。所以，在今天，我觉得激进思想不但很重要，而且是必须的。

进而，行动固然重要，但是根据齐泽克的观点，直接行动，往往会中招，中意识形态的招。你必须先有思想的能力，然后再行动。而获取思想，自己一个人在房间里枯坐思考还是不行，仍然需要读书。那读书能给你什么呢？给你思考的依凭和资源。有了这个依凭，你才能在生活中不断通过反思往前迈进（齐泽克称之为"辩证过程"），成为一个真正的激进的思想者与行动者。

我们要明确一个认识：不是改变政治的秩序才能叫激进，激进首先改变的是你日常生活的秩序。齐泽克的《事件》，巴迪欧的《爱之颂》，两本书有一个共同的核心关键词，也是日常生活司空见惯的一个词——爱情。"爱情"不是理论术语，没有谁看到"爱情"这个词会不懂。但这些激进思想家都把"爱情"作为今天激进思想里一个重要术语。为什么？仔细想想看，许多人们自以为寻常的事物，在生命中、生活中真的很常见吗？

我在自己的《爱与死的幽灵学》里写过：当你真的陷入一段爱情的时候，就像着了魔一样，生活中再无可能做其他事情。你原本日常生活中所有能够让你日复一日去做的工作，全都可以打断。当你陷入这样的情感，你只会想一件事情，只想一个人，你不会想到苹果手表，不会想到LV包。资本主义的秩序就是一个让你不断 ask for more（欲求更多）、buy more（消费更多）的机器，然而在爱情降临的时刻，这个机器突然就失灵了。Falling in love，为什么用 fall，这在西方基督教文化里就是"堕落"。在 falling 的状态里面，彻底失重，你完全无法再"理性"地控制自己，你发现自己置身一个旋涡，再不能接受日常生活秩序的逻辑，再日复一日按照它给出的轨道来运转。所以古往今来，我们去看真正在爱里面的人，都没有好结果。那是日常秩序在报复他们：你不服从我的逻辑，那就不得好死。所以爱往往和死是连在一起的。

在齐泽克看来，作为一个激进者，就跟在爱中一样。在爱中当然要付出很大的代价，就像今天很多我这个年纪的人，无法脱离安逸的生活了。当爱突然发生时，很多人面对它最后是退却的，做了爱的逃兵。从这个意义上说，激进思想离我们的当下生活真的遥远吗？爱情就是在你的生活中撕开一个裂口，把你的日常秩序彻底冲破，所以爱是一个"坏消息"。但齐泽克的观点是，恰恰有了这种"坏消息"，你才活得像个人。没有这个"坏消息"的话，你的生活可能很顺利，但是你没有激情，换句话说，没有在活（只是"活着"）。

所以真正的激进，不只是读了很多书以后能说很多词藻、术语。你得真正把这些词跟你的生命形成一个关联。我引福柯的一句话：创造你自己，把你自己当作一件艺术品那样去创造。你就是现实秩序无法最终规训的一个点。我认为激进的思想，就是一场日常生活的革命。这场革命，并非只有思想家才能实行。每个人都可以掀起这场革命，关键在于你敢还是不敢。

像我们自己写书，如果没有把个人的情感、感受注入到书里，那不过是二道贩子。真正的思想，你是活在里面的，你的感受在里面，这样的文字才有号召力。类似齐泽克、巴迪欧、阿甘本这样的激进思想家的书，可能由于翻译问题，导致其著作不一定好读，但是如果你愿意静下心来，跟随作者进行一场旅行，那么你就会有所收获，就能在日常生活中进行无声的革命，这就是真正的激进。

未来的焦虑

ANTICIPATORY ANXIETIES

人工智能时代的 "大同世界"

这个时代,我们都身处其中。郭敬明写过一部小说,叫《小时代》,拍成电影之后票房还不错,可豆瓣评分很低。但"小时代"这个说法本身是值得商榷的。为什么是"小时代"?我们所处的时代,难道不是个大时代吗,我们难道不是正在经历一个可能是人类文明史上非常大的变动时代吗?

在这样的时代里面,如果你们关心各种各样的讨论就会发现,关于人工智能的讨论特别热闹。各个学科的专家都已经出动了,他们都努力从自己学科领域的角度对人工智能发表看法。但是我发现,政治哲学研究者的声音,到目前为止是缺席的。甚至在哲学领域内部,已经有伦理学者的声音,研究人工智能的行动伦理准则;有认识论研究者的声音,讨论人工智能有没有智慧,或者说有没有自己的思想，等等；甚至有法学家提出了关于怎么就人工智能进行立法的意见。但是政治哲学研究者的意见却很稀少。我觉得，在这样的时代里面，我们应该有所介入，从政治哲学的角度介入。

人工智能崛起是我们这个时代的大事件

那么，作为政治哲学研究者，我们该怎样看待人工智能呢？我觉得，我们可以打开一个很大的画卷。首先值得思考的是：在这个宏大时代里，人工智能仅是一项具有震撼性的科技成果呢，还是说，人工智能同时给予我们更大的启发，让我们去贯穿性地思考整个人类文明自身，思考人是怎么一种存在，以怎样的方式组建了人类的文明？

这个思考就牵涉到这样一个关键点：如果说我们值得存在——不是说，因为我们是人，所以我们不想被取代——如果说不管未来的人工智能怎么样，我们都值得在这个星球上存在，那么，究竟是什么让我们"值得"？我觉得这是面对人工智能时我们应好好反思的地方。

我们要把握这个大时代里最关键的大事件，就是人工智能的崛起。这个崛起不单是一个现象，它本身已呈指数级发展。我们可能每天按照自己的节奏生活，你们是博士生，我是老师，你们每天上课，我每天上课和做研究，但是另一边，今天有多少个实验室，有多少家大公司，有多少政府，它们在人工智能的赛道上巨额投入，使得人工智能的发展突飞猛进。

去年（2016年），"阿尔法狗"（AlphaGo）打败了韩国围棋手李世石，当时是有胜有负地打败，而今年（2017年）它很轻松地击败了我们认可的"世界围棋第一人"柯洁。而且现在"零度阿尔法狗"（AlphaGo Zero）又出来了，都不跟人玩了，它自己跟自己玩，自己打败了当年打败李世石的阿尔法狗，而且100比0完胜。"零度阿尔法狗"声称，它不需要跟人类有任何关系。原来的阿尔法狗还大量研究棋谱、研究人类的高手怎么出棋。"零度阿尔法狗"根本不理睬这些，根本不认为这是重要的。它从零开始，所以叫Zero，它任何人类棋谱都不看，人类曾经有的任何下法、战术都不看，从一张白纸开始。它只须知道下棋规则，随后自己重头学起，左右互搏，自己跟自己玩。结果三个月内就成为了超一流高手。这是很骇人的。

柯洁这个年轻人不服输，败给阿尔法狗以后，他回去后就复盘阿尔法狗与他对战的每一盘棋谱。之后柯洁说的一句话让我很紧张。他说的是：我看阿尔法狗下棋，看不懂为什么它这么下。如果能看懂，尽管对方赢了，也说明两者的水平至少在一个维度内，但柯洁根本看不懂阿尔法狗的棋路，它下这步棋莫名其妙，但是它就赢了。这是很恐怖的事情。这意味着，从现在起，围棋已经不是人类的活动了。现在哲学界有个词叫"后人类"，围棋已经成了后人类的活动，人类不需要参与进去，参与进去也只是在很低的水平上胡乱玩玩而已。

在这样的时代里面，如果我们认为人还有价值的话，那就要思考，这个价值在哪里？所以我们先打开这个画卷，不只是把人工智能看作人类科技进步历程中的一个小的新台阶，而是看作这样一个点：在这个点上我们取得一个视角，回过头去对"人"（人的"文明"、人的价值）做贯穿性的思考，思考我们怎么走来，我们怎么走到了我们现在这个点上。

如果说未来我们将面临被 AI 取代的情形，即使我们要打到最后一兵一卒，但抗争到底本身也需要意义支撑，就是说，我们必须说服自己相信，人类存续是一项值得抗争的事业。

有一个视频节目叫《晓说》，高晓松主讲的，他在其中一期谈到小说《三体》，讲得很开心，结果说漏嘴了。他说《三体》第一卷里面有一个情节，在这卷中"三体人"并未到来，地球上却产生了秘密社团"地球三体组织"，为三体人到来、占领和统治地球做积极准备。他们这当然是背叛人类，是"人奸"，而且这个组织的核心成员都是社会精英，包括了大科学家、教授、富商，他们呼唤外星人快来统治人类。因为他们觉得人类没救了，只能寄希望于外来文明。

然后高晓松同学开心地说：如果现实世界真有这样的社团，我肯定加入其中……连高晓松这样的知识分子、社会精英，都觉得没有必要去为人类抗争，并乐于奋勇地加入另外一个文明对人类的统治时，我们必须要思考，这是为什么？这是我们要思考的起点。

从政治哲学角度思考人工智能，我会先讲到什么是政治，什么是哲学，再谈二者与人工智能时代如何关联。

"人类纪"这个概念告诉我们什么

首先，我拎出一个概念，这个概念叫"人类纪"。

今天，我们大家生活在地球上觉得很开心，因为这是属于我们的星球。大家有没有思考过一个最根本的问题：这个星球为什么是我们的？我们很自然地觉得，地球当然就是我们的，这个星球上遍布人类的足迹，我们很自豪，所以才会有这样一个词叫"人类纪"。我们知道，"某某纪"是一个地质学的概念，比如侏罗纪、白垩纪等等。但是最近，如果你们比较关注前沿学科的发展，就会看到过近十年来，多个学科中最为卓越的思想家，都不约而同开始采用一个词语，"the Anthropocene"，中文翻译为"人类纪"。

你们搜一下就会发现，关于这方面的专著已有很多种。但为什么这个词本身突然变成了一个学术界的热词？还有一点，尽管各个学科的人很热衷这个词，但是地质学家不认可。就是说，最应该认可这个词的地质学家认为这个提法不科学，不认为它有科学根据。

那么什么是人类纪呢？有一个最关键的定义就是，至今往前倒推七万年的时间里，人类，或者说是智人（Homo Sapiens）——最近有一本非常卖得好的书叫《人类简史》，就是用"Sapiens"这个词做书名——成为影响这个星球面貌变化的最大因素。这是一个很大的论题。你们想想看，这意味着过去七万年里，人类对星球面貌的影响，要大过地壳运动，大过小行星袭击，大过各种各样所有的其他因素。

怎么去思考人类对地球这一行星的影响力呢？尽管地质学家对这个概念并不买单，但对我来讲，人类纪是一个好的概念。因为哲学说到底就是提出不同的概念。

我们今天说哲学，它是干什么的？哲学不再是给你真理——所谓太阳底下唯一的真理。我也不知道哪个是真理。但是哲学有一个很重要的力量，那就是，创造新概念。没有人类纪这个概念与有人类纪这个概念，思考问题的方式不一样。我们可以借助过去很多哲人提出的概念，来思考正在面对的当下问题。学习这些概念是为了什么？不是学习真理，不是学习康德说了什么，黑格尔说了什么。而是说，经由他们提出的那些概念，我们发现，我们可以打开全新的视角，看到不一样的东西，从这些过往哲人提出的概念里面，我们可以重新思考当下的生活。

人类纪这个概念亦是如此。不管专业学者怎么争论，至少我们已经认识到，人类在过去七万年里面扮演了重要的角色，就算不是最重要的角色，但至少也是非常接近了。那么问题就来了：为什么是我们？

看看我们自己，人类这种动物，凭什么力量，去成为改变地球面貌的最重要因素，甚至产生出一个"人类纪"？

回过去看，这真的是一个很奇怪的谜题，一件很不可思议的事。作为智人，我们并不具备足够强劲的力量——不要被好莱坞英雄电影或者是《战狼》欺骗了，吴京厉害到赤手空拳就让一个坦克车军团灰飞烟灭了——人哪有这么大的本事？

你把一个人直接放到自然环境里面，我们都知道，人类处于食物链的中端，我们能欺负一些比我们小的动物，但假如碰到一只老虎，那人就成了美食，碰到一只"吃货"老虎，一顿还不够它吃。关于人的力量，今天我们可以有很多意淫，但实际上我们的力量连一只老虎都比不上，人与虎狭路相逢的话，就算是姚明、泰森也没用，不要说鹿晗、薛之谦这些小鲜肉了。

然而就是这样一种力量弱小的存在，经过一个很奇异的变化，在过去七万年中竟然成为了改变地球的最重要力量。所以，既然要思考人工智能是否会取代人类，我们就要思考人类怎么就跑到了食物链的顶端？我们做了什么？

政治的起点：人能群，彼不能群

在思考这个问题的时候，我们发现，我们正一步步接近我称为"政治"的向度。什么叫政治？关于政治的起点，有一句话是荀子说的。他说，人跟禽兽有一点区别，什么区别呢？他讲，"人能群，彼不能群。"它们不能够群处在一起，而我们人可以共处。人能群，这句话非常经典，在这么早的时候，就有人说了一句如此有洞见的话。

刚才我说到人的体魄，人的体魄就那么小，人碰到外在的力量，怎么去对抗？我们单个的人，与任何一个大型食肉动物都无法对抗。但是如荀子所说，人能群，彼不能群。人靠自己的"能群"来与之对抗。很有意思，你去看动物，有两种动物有能力群居：一种是蚂蚁、蜜蜂，它们是群居的。那么荀子说错了吗？不是的。蚂蚁蜜蜂确实分工严谨，但照我说，这个来得太容易了，这种群居不要求蚂蚁和蜜蜂有任何群居的智慧，它们的群居行为是刻写在DNA里面的。在任何一只工蚁、任何一只工蜂那里，它们所有的行动，它们扮演的角色，都没有任何智慧可言，而都是DNA驱使的结果。

另一种情况是，一些大型哺乳动物，比如黑猩猩、大象也能群居，但是你去数它们群居的数量，一般来讲，一个黑猩猩群体的数量不会超过二三十只，三十是个顶点，再往上走，这个群体就不和谐了，就只能分成两个小的猩猩群体，彼此对咬。象群也一样，它们是群居，但是超不过一定数量，一旦超过，就会产生新的头领引导一群象出走。而老虎成群的数量更加少，没办法以一个大型群落的方式生存。一个物种群居的数量上不去，那这个群体的整体力量始终是有限的。但是群居的智人，数量上却不断突破极限。

在荀子的时代，世界的另一边同样有一个很重要的思想家：亚里士多德。他说，"人天生是政治的动物"。为什么不说别的呢？为什么说人是政治的动物，亚里士多德要干吗？我们知道，在西方，那个时代被称作"轴心时代"，这么称呼是有道理的。荀子与亚里士多德，在那个时代不可能进行过任何交流，但是似乎有一种力量，让他们各自提出了一个很关键的精彩洞见。

我们分析一下亚里士多德这句话，对它做一个话语分析。很简单，首先，人是动物。不要觉得人了不起，在亚里士多德那个时代，没有《战狼》可以看，人和动物一样要吃、喝、排泄，没有什么区别，人就是动物。然而关键的是，人虽是动物，却具备政治的能力。抛开政治能力的话，人跟动物没什么区别，但就是因为有了政治能力，人最后成为了人，最后从食物链的中端爬到了顶端。

为什么这么说？亚里士多德看到了什么？人能组成一个社会，人能组成一个城邦，这个点抓得非常精准。人作为单个动物力量单薄，但是人竟然有这样的智慧，可以用社会的形态，用共同体的形态生活在一起。

当这个形态，这种政治的能力，在我们人类身上得以实践以后，我们发现一切都改变了。亚里士多德有另外一句话，可以和前面那句话联系起来思考。他说，人不能离开城邦（polis）而生活。在当时，一个城邦有几千个公民，加上所有奴隶，有几万个人——亚里士多德绝对想不到会有上海那么大的城市。在亚里士多德那里，城邦是什么概念？城邦的边界是，找一个嗓门最大的人，站在城邦的中心大喊一声，声音能传到的最远地方就是城邦的边界。城邦就是人彼此说话能够听见的空间，为人们划定发生关系、发生交往、发生连接、发生合作的可能性边界。

在城邦里面，人是安全的，这是亚里士多德当时的论断。他的论断是，人不要轻易离开城邦。你离开城邦还能活下来？要么上升为半人半神，要么就下降为野兽。一只老虎是不敢跑到城邦里面来的，我们看《水浒传》里面，老虎是不敢到村庄里去的，但是你如果落单了，走山路时就有可能被老虎吃掉，除非像武松这种人出来。想想看，这一举动在当时真的很震撼，一个人赤手空拳打死一只老虎，那真的是英雄，一般人是不可能做到的。

所以人不能随便离开城邦，为什么不能离开？因为老虎到城邦来是它找死，有那么多人，肯定把老虎打死，这就是合作的力量。就是说，我们单个人没有老虎那么大的力量，但是我们组成一种合力，比如几个人射箭，几个人去做诱饵，几个人从后面布置陷阱，几个人扔石头，形成一个战术组合以后，一只老虎跑过来，最后肯定会被干掉。所以老虎这样的动物再厉害，到今天竟然被人类捕杀到近乎灭绝。你们看，从七万年前开始，人类迁徙到哪里，哪里的动物就迁走；人类占领某地建造村庄、城邦，这一地区原本栖息的所有大型生物，老虎、狮子都得离开。

政治不是一件简单的事情，政治就是人类能够合作，能够群处。两个人在一起，不是先撕破脸打一架，而是彼此合作，至少能生活在一起。秩序怎么来的？人类可以编织一套话语，然后形成一个合作，大家都服从这个话语，就可以彼此合作了。甚至话语还有让人牺牲的力量，比如恐怖主义，就有让一些人去死的力量，用话语的力量告诉你死了以后有什么东西在等着你，你奉献了以后，有别的力量给你奖励。政治就是这样一个谜题。

利用话语装置，人自成一个维度

现在让我们聊一下霍布斯。霍布斯非常重要，他提出的一个假设是，最初的时候，在最自然的状态里面，人与人处于战争状态，每个人都像狼与狼一样互相撕咬。

霍布斯认为，这就是自然状态，是前政治的状态，而政治就是从自然状态走向一个政治的状态，人类建立国家，建立秩序。霍布斯提出让国家来保证每个人的安全，这样人可以放下彼此的对抗，一起高枕无忧。但动物不行，一定会打破头，一打破头就彼此消耗。

人类文明的起源，我们已经很清楚了，来自于政治的能力。与此同时，亚里士多德还有一句话，"人是说话的动物。"这句话其实已经蕴含在"人是政治的动物"里面了。换言之，人这种动物，他的政治能力来自话语。人通过话语，编织出很多东西。人的政治智慧哪里来？靠说话；如果两个人一言不合就出拳头，这不是政治。政治就是用话语的方式，避免两败俱伤。人类用话语去处理各种各样的事物。通过话语，人类有了文明，有了各种各样的不同。从人工智能的角度来看，最关键的一点是，通过话语，人慢慢上升，从食物链的中端上升到了顶端，人自成一个维度。

原来人和动物是在同一个食物链中，无非上下位置不同，但还在同一个维度里面。但是通过话语装置，忽然之间，在七万年前的某一点上，人开始跟所有的动物相区别，与之不在一个维度上了。

你们是动物，你们吃来吃去，我们人冲出了这个维度，到了另外一个等级上。柏拉图有一句话，自然的正确（natural right），人吃动物、动物吃草，所有人都觉得理所当然。你反过来试试看？没有人受得了。

我们知道很多人喜欢狗，人吃狗，有很多爱狗的人受不了。但反过来，狗吃人，所有人都受不了。几个月前，我的微信朋友圈被一篇文章刷爆了，这篇文章说，如果你死掉了，在你死掉的七天里面，你养的狗会拿你的尸体当饭吃。很多人转这个，并且说从此看自己家里的狗，眼神都不一样了，因为它眼睛里看着你，居然会觉得你是可以吃的，这怎么可以……

由此我们要追问为什么人类对自己处于食物链顶端感到理所当然？这种感觉是哪里来的？你们去看，狮子吃羚羊，它们是一个维度里面的，虽然你会觉得有点残忍，但也可以接受；动物吃草，也没有问题。人吃动物，怎么吃也都没有问题。

反过来思考，怎么会有这样的一种力量，使得我们认为，我们做的事是天经地义的？我的分析是，人类通过一个话语装置，创造了一个生命的等级制，这个等级制有实践性的后果。这个后果是什么？就是形成伦理的和政治的正当性，一旦有了这个正当性，人类做的很多事就变成自然的、正确的事情。人吃动物、动物吃草，这是一个正当；但反过来，绝对不能接受。举个例子，有人跑到动物园里去，被老虎咬，站在老虎的立场上，它也很冤枉，但是它吃了人就必须死。老虎说，我吃人是因为你到了我旁边，你到了旁边我就要吃你。但是不行，吃了人的老虎就必须死。

回到上面提到的文章，狗吃了自己的主人，法院判这条狗死刑，就是说，狗只要越过吃人这条界限，必死无疑。

当代意大利有一位思想家叫阿甘本（Giorgio Agamben），他有一个词，我觉得可以很好地用来形容话语的装置，叫"人类学机器"。通过这个"人类学机器"的转变，本来很残忍、很血腥的事情，可以变得不那么血腥了。你们看，杀动物的时候很血腥，可是烹饪完的时候，你们会觉得是美味，你们吃的时候还会拍下来发到朋友圈里去。

杀猪的时候，猪会流泪——猪其实是很聪明的动物——但没有人觉得难受。为什么？我们都没有同情心吗？

不是。有一部话语"机器"在那边保证让你安心，帮助你安心：吃吧，没事的，它们没办法与你在一个维度里面比较。今天，你们翻翻词典，翻翻百科全书，还有这样的语言，说某个动物是"害虫"。实际上它只是吃你们人吃的东西，就变成害虫了，必须被消灭掉。最恶心的描述是说，某个动物"浑身都是宝"，皮可制革、鞭可入药、肉味鲜美等等。想想看，这是辞典，要我们去读的。我们为什么那么心安理得？当一个动物被我们人类夸赞为浑身都是宝的时候，实际上我们是在对它扒皮抽筋，但一切都变得如此自然。

几十年前，我们不是还在"除四害"吗？麻雀之类的动物，一旦你把它归为"害"，它是必死无疑。蟑螂是灭不了，但是该灭的都灭光了。但反过来想想看，我们人在动物眼里，会是什么害虫，或者"害'人'"呢。

纳粹对犹太人实施降维攻击的理据

生活中，当我们遛狗的时候，我们跟动物发生关系的时候，我们自认为是它们的主人的时候，我们到底在做什么？人能对动物残忍，人才会对人残忍。你们去掂量一下这个论题。你要设想人对人不残忍的那一天，你要先看人对动物有没有不残忍。

当我们讨论即将来的未来时，我们应该思考一下尚未久远的过去。这是一个很好的契机，让人回过头去思考一下那件惊心动魄的人类惨剧。

我想说的是纳粹对犹太人实行的降维攻击，纳粹把犹太人从与自己处于同一维度里的人，降成半动物性的存在。我专门去看当时的宣传手册，很可怕。纳粹用各种各样的比喻形容犹太人，说他们是瘟疫，是害虫，是影响这个社会的寄生虫，破坏社会的有机健康，专门不工作，窃取社会的经济成果，勾引良家妇女，不洗澡，鼻子长，性欲旺盛，等等。所有这些描述，就跟我们描述动物的性质一样，是一条一条的。这样的描述就是要把他们降到另外一个维度上。

研究纳粹政治非常有影响的政治理论家汉娜·阿伦特（Hannah Arendt），她在1961就审判纳粹专门写了一个长篇分析。她认为，纳粹政治是一种平庸的恶。什么是"平庸的恶"？就是说，在纳粹的制度下，下级官僚对上级的命令是无条件服从，不加思考地服从。其实他们不是恶人，他们只是平庸的人，没有分辨是非的能力，只是坚定不移地贯彻上级领导的指令。这样的人在纳粹的系统中扮演很重要的角色，他们成了纳粹集中营的刽子手。

这是阿伦特很重要的一个分析，在学界被普遍认可。今天我们一路思考过来，从人类文明的最初开始，再思考纳粹，然后思考人工智能对我们的生活造成的影响，我认为，阿伦特的话说满了，真的只是平庸的恶吗？我分析过相关资料，当时希特勒在欧洲战事不利，节节败退，在撤退的时候，希特勒下了一道命令，要求所有的德国军官在撤退之前，把欧洲各名城全部炸毁，不留给对方。但是很多将官抗命，他们说：我们可以撤退，但这种事我们不做。如果他们做了，我们今天还去欧洲游什么，没有东西可以看了，全部都没了。

我们追问一下：为什么对希特勒的这个命令，那些将官可以抗命；而把犹太人送到毒气室里面的时候，却没有人抗命，而且执行得很利索，一批一批杀？我们要追问，真的是"平庸的恶"在起作用？如果只是官僚制的话，上面下命令，下面就服从，那么为什么希特勒要求炸毁那些城市的时候，将官们就不服从，而接到杀犹太人命令的时候，同样一批人可以从容不迫地按下毒气室的按钮？背后肯定有其他力量在运行，这就是"人类学机器"——一个话语装置的力量。

那些纳粹军官在按下毒气室按钮的时候，他们认为：我不是在杀人，只是在杀比自己更低级的动物性的存在，只是在杀害虫，而犹太人恰恰是社会里面的蛀虫。自己说，犹太人是虱子，只有干掉犹太人，这个社会才能更健康。我们一般人捏死一只虱子的时候不会有不适感，纳粹官员按下毒气室按钮的时候也是这样，肯定按得下去。当你把杀死犹太人当做杀死虱子螨虫的是时候，你会毫不犹豫。纳粹政治就是这样的。

关于纳粹政治，战后审判纳粹的法官与阿伦特处在两个极端，彼此互不兼容。法官认为，纳粹军官犯下了反人类罪，这是很严重的罪，要处死。阿伦特说那些纳粹军官只不过是平庸的恶，不是反人类罪，任何人在纳粹军官那个位置都会做这种事情。照我说，这两种完全相反的论断都不适用。

真的是反人类罪吗？我们刚才分析了。纳粹军官杀犹太人的时候，他们认为自己是在杀虱子，是在杀死这个社会上的寄生虫，他们最多是反虱子罪，没有反人类罪。他们做这件事恰恰是为了人类整体作为一个物种能更健康地

未来的焦虑

发展。希特勒直到去世都认为：我们日耳曼人是雅利安人的典范，是人类DNA所能繁衍出的最优质、最精华的物种；而我们现在正在被低劣的寄生虫侵蚀，不把他们弄掉，人类这个物种是没有明天的。于是，纳粹不是反人类，而是太人类了。尼采有一句话叫"人类，太人类了！"这就是纳粹干的事情。纳粹杀死犹太人的时候，他们干的事情就是这样："人类，太人类了！"

反过来思考未来人工智能与我们人类的关系的时候，我们就要思考到这一点：我们为什么对另外一种动物，甚至是对人类那么残忍，就是因为我们太人类了。我们把自己放在了崇高的位置上，所有的残忍行径我们都不觉得有什么问题，直到有一天，忽然发现我们原来是那么残忍，然后我们又忘记，又翻过这一页。

人类之上的神永远是为人类秩序服务的

继续分析的话，在另一个点上，我们发现人类做了一件有意思的事情。

既然有这样一个生命的等级制，最低等级的是植物——植物也有生命——然后是动物，然后是人。但是没有到此为止，人类在漫长的岁月里干了一件事情：我们在自身之上又创立了神。各种文化里面都有神，还没有发现哪种文化里面彻底没有。在这里，我们就发现了人类话语装置有意思的地方。就是说，人类虽然在自己上面造出神，但逻辑是不一样的：人可以对比自己更低等级的物种残忍，但在人类之上的神，却不能对人那么残忍。

不相信的话，你们去翻一下各大文明关于神的文本，比如说基督教，基督教的神是给你救赎的，他给你天国；我们这边的神，比如龙王，是当你没有收成了，给你降雨；比如观音，你生不出儿子去拜的话，她就给你一个儿子……你们发现没有，所有人类敬拜的神对人都是特别好的。当然也有对人残忍的，比如撒旦。但在所有人类文明里面，你会发现，所有对人类不好的神，永远是被对人类好的神压在下面，永远是干不过对人类好的神的。

就是在这个意义上，我认为，神学永远是政治神学。就是说，神永远是为人类秩序服务的。神在人类之上，但神是为人类服务的。干什么呢，就是为人类所做的所有事情提供正当性。人类很聪明，人类做很多事情不是为了别的，而是要洗白人类自己的残忍。你们去看基督教，看圣经。圣经中说，人跟人之间，人不能杀戮，这是对的；但是神没有说，你不能杀戮其他动物。可见，神的话语，就是给人的各种各样行动留下了来自更高维度的一个论证。

"彼岸"、"超越性"，这些词，象征着神跟人永远是隔绝的，是维度的不同，不是说人可以慢慢变成神；不是的，是一个维度的不同，我们永远在神的下面。然而，我们又设定，神是对人好的，神的存在是为人服务的。那么神学的根本问题就在于：真的存在上帝的话，上帝会在乎你吗？你只不过是他创造出来的东西。上帝为什么要对你好，很关心你呢？我们人类造出了很多东西，我们对那些东西很关心吗？凭什么上帝要对你这样一个低维度的存在那么好？这是神学最根本的问题。

《西游记》和《封神演义》中的激进突破

通过这个角度，我们发现我们人类文明，一直走了很扭曲的道路。我们搞出各种各样的话语装置，最后都是为了论证我们人今天的位置。了解了这个背景以后，我们发现中国人做了两件很骄傲的事情，就是我们的文化里面，有两部很是经典的著作，就是《西游记》以及算作《西游记》续作的《封神演义》。这是明朝很精彩的两部小说作品。

这两部小说作品做了什么事情呢？它们是直接挑战了我们人类文明赖以生存的一整套说法，挑战了"人类学机器"。在这两部小说的故事里面，首先有维度区别，有神，有人，也有动物。但是有一个设计上的不同，就是你可以通过修道的方式，通过实践的方式，跨越不同的维度，可以从低维升到高维。不要小看这个变化，有了这样的设定，动物、人和神不再是维度性的不同，它们变成了一个维度里面不同级别的东西。人类是一个级别，可以修道上升，人类以下的动物也一样，可以升上来，通过修道变成人，然后可以超过人，变成神，并获得认可。

人类学机器是一个本体论的等级制，而在那两部小说中被实践论的修道给冲破了。你通过实践，你能突破等级，最后上升到顶端。我们知道《封神演义》里面有一个人物叫石矶娘娘，她是一块石头，是一个无生物，连无生物都能够上升到高于人的位置。所以说《西游记》和《封神演义》的故事首先最为激进地冲破了等级制。不再是上面对下面，下面再对更下一级，而是任何一级都能突破原有的级别，突破原有的维度而上升。在这个意义上说，整个人类文明里面，也就只有这个设定，能够做出真正激进的突破，就是一切都能被打破。

今天的人类社会已经很自由主义了，很平等了；我们人类现代社会的前提设定就是人跟人是平等的。以前，假如说你是王侯将相，你是朱元璋的后代，你就可以如何如何。今天，国家领导人周期性更换，理论上每个人都有机试想：一个人从底层通过打拼，像奥巴马一样，三十年后变成一个总统；中国在美国的华人，前后两代人打拼，最后出来一个州长。因而希特勒被选为总统，也没什么不能接受的。但是，你能不能接受一只猪经过三十年打拼，最后变成了我们的领袖？不可能的。只有《西游记》能够如此激进地挑战生命等级制，这是一个大突破，让我们重新思考动物、人和神之间的关系。

《西游记》中另外一个比较激进的方面是，其他人类神话故事里面都没有神能吃人的设定，人吃动物可以，没法想象神能吃我们，但《西游记》里面有的。奎木狼，二十八星宿之一，没事就吃人；猪八戒吃人，沙和尚也吃人。

作为人类，我们回过去想，我们从食物链中端爬到顶端，然后在"人类学机器"的设定下突破维度的限制。我一直认为，转基因绝对不是过去这些年开始搞的，事实上人类过去七万年都在搞转基因的事情，只为自己可以吃得更爽。比如人类还专门培育可以挤出更多奶水的奶牛，想想看这对奶牛多么残忍：它必须不断怀孕，不断哺乳，然后又要怀孕，又要哺乳。小牛生下来后，马上就被我们人类抓去，因为人要吃嫩牛肉。人对人不可能这么做，人无法时刻去哺乳。但对其他物种我们可以很残忍，我们还恨不得一只鸡浑身长满鸡翅膀，浑身长满鸡腿。

我们从来没法想象，一个神会希望你们人长满"人腿"，每天都在思考怎么吃人可以吃得更爽。但是《西游记》里面有，有专门吃女人的神，有专门吃孩子的神，什么神都有。这种描述会推动我们思考：在一个虚幻的故事里面，恰恰能看到我们社会的本质。在《西游记》的故事里面，神是可以吃人的。于是我们就不得不思考：为什么神要对我们好，为什么我们能这么对待动物，为什么我们值得别人给予我们尊重？现在有另外一个力量正在远远超过人类，我们希望这个力量要对我们尊重，凭什么呢？我们以前从未思考过这个问题。

《西部世界》中的人工智能与人类本性

今天关于人工智能，各种讨论唾沫横飞，有没有人思考过：人类是怎么来的？在人类纪，人类今天做的所有引以为自豪的东西，建立在什么上面？

神魔小说、幻想小说等等，好的奇幻作品永远不只是关于奇幻。好的奇幻作品、科幻作品，都是关于当下。说到科幻作品，你们多少人看过《西部世界》（Westworld）？这是一部美剧，讨论人工智能，这是必看的一部作品。

"西部世界"是什么？就是一个主题公园，进去怎么玩呢？就是人工智能机器人给你做服务生。你碰到的所有人，酒吧服务员也好，良家闺女也好，警察也好，各种各样的人全部是人工智能机器人。原则上你只要花了钱，在那边烧杀奸淫，什么都能干。因为它们都是人工智能机器人，你去那儿花钱就是为了可以肆意妄为，干完以后被杀的机器人会被拖走。

今天关于人工智能的各种讨论里面，有两个共识没有人碰过。第一个，人工智能这个词，AI, artificial intelligence，前提是人造的，也就是说，人是 AI 的创造者。就像以前神造人类一样，AI 是人类的造物，命名上就是这样。这是第一个命题：人工智能是我们人类的造物。

第二个命题：我们造它，是为了让它给我们服务。没有人挑战过这一点。人类为什么要造它，总有目的的。现在有了智能扫地机器人，我们就可以不用扫地了，它能帮我们扫，这就是我们创造人工智能的原因：为我们服务。人自己不需要干活，有人工智能帮你干，而且干得比你好。在这个意义上，人工智能才能发展。

今年（2017年）8月份，被称为"现实版钢铁侠"的埃隆·马斯克（Elon Musk）率领一百多个人工智能专家说：不行，我们要停止人工智能开发；因为开发人工智能就是人类自取灭亡。如果我们自己不想灭亡，现在就应该限制人工智能开发，因为我们不知道会开发到什么程度。我们不知道人工智能是不是有意识，甚至它们可以隐藏自己的意识，直到我们有一天发现，想要拔插头的时候拔不了了。

然而问题恰恰在于，即便再多的专家提醒，只要人工智能为人类服务的潜能不变的话，人工智能的开发是停不下来的。我们如今采用的是什么制度？全球资本主义秩序。资本往哪里走？哪里有利润资本就往哪里走。资本本身没有善恶，就算你天天批判资本，资本觉得你给它带来增量，它就会向你涌来，它不会在乎你是不是骂它了。资本会扑向任何一个有增量的地方，有盈利空间的地方，这是从卡尔·马克思之后，一路分析下来非常清楚的。

未来的焦虑

为什么会有全球金融危机呢，就是资本突然发现没有地方可以盈利了，暂时找不到出路了。为什么经济危机越来越密集？就是因为我们现在地球太小了，小到地球村这个地步了。发现了新大陆，资本就很开心啊，马上扑过去，但是在高度全球化的今天，每一个市场都很饱和。中国曾经是一块市场的新大陆，但资本一旦发现你这里的盈利空间越来越小，人工成本越来越高，它还来干吗呢？企业挣不到钱就走了。前几年富士康有那么多工人跳楼，于是企业去年（2016年）引入四万台人工智能机器人，据说取代了六万个工人。

所以资本很简单，它就是找盈利空间，而现在盈利空间越来越难找。李嘉诚跑到英国去，你以为英国的发展很好吗，你以为英国还是一个没有开发过的市场？资本到最后，只要有盈利空间，它会趋之若鹜。你这里如果有创新，它马上来。你给我一个好的想法，比方说共享单车，听着不错，资本就来了，试试看，说不定就能大量增值呢。但现在这样的机会越来越少，毕竟人类的创新能力越来越有限，所以金融危机才会越来越密集。你们去想想看，都是因为盈利空间越来越小的缘故。

人工智能行业为什么这几年能吸那么多钱？马斯克的

警示没用，只要人工智能对人的服务能力还在指数级往上涨，人工智能飞速发展的趋势就不会停止。以前你可能还要为收拾家务和你老婆吵架，但是以后有了人工智能机器人，你家里不需要做家务的人了，有一个机器人就可以了。你回家后，有个机器奶妈可以帮你弄好全部家务，你自己不需要做任何事情。以人工智能如今的发展速度，马斯克再呼吁也没用，因为资本只有一个目的，就是赚钱。这家资本不投入，会有别的资本进来，继续开发人工智能。

"西部世界"就是一个典型例子，那里面的人工智能就是服务你的。你作为人，现在想到别的地方放纵，很难，那么就欢迎你到西部世界来，这里是你的天堂。在这里你可以无恶不作，一切都允许。而且，美剧中的演绎，正在变成现实。你去看（2017年）10月的一个报道，在美国，人工智能性爱机器人已经投入批量生产。当这种机器人的产量达到一定数目时，不就形成一个主题乐园了吗？你在里面什么都能干。

人类发展至今，通过很多话语，觉得自己很有尊严。人跟人接触的时候，都是衣冠楚楚的，都是非常有礼貌的，尤其对女士优先，非常好。但是人类伦理的尊严，不只是体现在人跟人之间：人跟人之间关系再好，并不定义你是谁；而当你知道自己面对的不是自己的同类时，你干什么才真正定义你是谁。

在《西部世界》这个剧里面，前一秒还是衣冠楚楚的白领，后一秒在"西部世界"里就无恶不作，奸淫杀掠，而回归正常工作场合后又恢复衣冠楚楚的形象。当你知道你所面对的是一个人工智能机器人的时候，你可以去做任何事情，这个时刻，你才知道自己是一个怎样的人。很多年前，有女生在微博上放虐猫的图片，把猫的指甲剪掉。你说这样的女生是什么人？在生活中她可能对你和颜悦色，但回过头去就虐待猫。现代社会，人对人作恶的成本越来越高，你可以作恶，但要付出巨大的代价。而在遍布人工智能机器人的西部世界，你对那些机器人作恶，不需要付代价，任何在现实世界中不能干的事情，在那里都能干。

当政治的合力也无关紧要时

面对人工智能的新进展，我们人类有些紧张，有些惧怕，因为我们忽然发现现在搞不定人工智能了。但人类在过去七万年里面明明搞定过很多事情。你们看，有多少动物已经被我们人类灭绝了，人类才是真正的灾难。恐龙是被自然灾害干掉的,还好恐龙没死在人类手里,否则会死得更惨。为让自己舒服,人类真是什么事情都做得出。但是现在,面对人工智能,人类发现,搞不定了,政治的合力也不管用了,只剩下拔机器电源插头一个办法。

当我们人类最聪明的头脑,在我们人类最擅长的围棋这种智力游戏上居然也斗不过"阿尔法狗"这样一只机器人的时候,我们人类在智能上,已经无关紧要了。

人类自认为很了不起——作为学者,以前我也觉得,自己是个很有学识的人。但说难听点,人真有什么了不起吗?我今天说的话,其实都来自于我读过的学者,阿甘本、齐泽克、康德啊,他们通过我在说话。人类的合作不只是力量的合作。为什么学术不能抄袭?就是因为你的东西绝大部分是合作的产物。你要注明,哪些东西不是你的,而是来自于你阅读的康德的文本,来自你阅读的齐泽克的文本,你不能把他们拉掉,说那是你的观点。知识的积累,就是每个人都贡献一点点,大思想家贡献得更多,积累起来,我们才有今天的文明。

今天的科学家都知道,你拿到一个诺奖,那只代表你自己的研究成果吗?不是的,背后是你的整个实验室,多少人前面帮你打好了基础,碰巧你提出了一个关键想法,然后多少博士生不分昼夜,在实验室里帮你做实验,与你合作写出这篇论文,最后你拿到奖。那实则就是政治合力的结果。

但是我们发现,到某个临界点上,所有合作,即便你有再多的人,加上各种各样的智慧,与人工智能所达到的高度还是天差地别,而且人工智能的发展速度还在越来越快。这真的很恐怖。这种恐怖感是发自内心的。你看到一股脱轨而出的力量,对着你投来冷冷的眼光,我觉得这是一个很重要的时刻,在这个时刻我们不得不开始思考自己。

虽然人工智能目前还没有对我们残忍过,可我们已经编出了很多故事,说我们会被残忍对待,我们的文明会被取代掉。但是你想想看我们文明自身就是很残忍的,甚至这份残忍还在继续,对动物、对人工智能乃至对彼此。

人工智能有没有智慧?现在还是个有争议的话题。怎么定义智能?有很厉害的运算能力,很厉害的储存能力,各种大数据分析能力,等等。不少人认为只要人工智能不产生意识,我们就不用怕。然而,即便人工智能到现在为止不产生自主做事情的意志,我们人类今天也已经到了一个关头。这个关头就是,首先审视我们自己,审视我们今天所有的政治社会格局。

那么，人工智能带来的冲击——即便它不会产生自我意识，说要消灭你们——意味着什么？

人工智能将带来新的维度变化

马斯克，就是那个说人工智能很危险的人，他在干一件什么事？他说，与其让人工智能干掉我们，不如我们牢牢抓住人工智能的所有最新发展成果，让人工智能为我们所用。所以他现在把一大部分的钱，都放在一个叫"脑机结合"的一个项目上。在他看来，只有我们人类，尤其是牢牢掌握最先进人工智能技术的人，才能够压制住人工智能的崛起。我觉得他确实是名副其实的"钢铁侠"，他要把所有的技术发展，都嵌入我们人的肉身上。

今天已经有各种智能设备植入我们的身体。比如有的人心脏不好，装了心脏支架（现在已经有智能支架）；还有纳米机器人，进到人的身体中，可以帮你进行修补。越来越多的东西进到人的身体之后，人的生物性逐渐减弱。但是我们运用各种各样的植入设备，有一个前提是，你要花钱。

我们知道好莱坞有个女明星叫安吉丽娜·朱莉做了一

个测试，这个测试很昂贵，一般人一辈子都做不了。她要测试有多大概率会得乳腺癌，最后测试结果是87%。她很勇敢地说，我不想赌命，就做手术切掉了自己的乳腺。反过来想，我们这些普通人，没有钱去做这个测试，就只能坐等绝症袭来。

越来越多的人跟今天各种各样前沿科技结合在一起，变成半人半机器，因为当你身上植入各种各样的设备，你就不是一个"人"了，你身体里各种各样不属于你自己的东西，在帮助着你变化。

你们有没有发现，今天的社会里，随着各种生物技术的介入，以前穷人跟富人只是社会阶层的不同，你不论多么富有，也可能生下一个白痴儿子，生下一个败家子，但今天有了各种介入技术，你会发现富人的孩子一出生就比你聪明。他不可能不聪明，因为他在母亲肚子里的时候就接受了各种的生物介入技术，这样他出生的时候智商比你高，甚至颜值都比你高。你们看看王健林，再看看王思聪，是不是？通过各种方式，一个富家子弟确实在生物意义上就会比你出色，并辅之以各种有利条件，而这些东西一般穷人无法享有。

所以，未来人工智能的崛起，不是说人工智能会变成一股独有的力量，而是说人工智能会与我们今天已有的99％的普通大众与1％的社会精英这样一个社会性的区别结合。这样的结合会带来什么？会有一个新的维度变化。

"长生不死"的政治后果

不是说单靠人工智能就会把人类全部灭绝，而是说有些人凭借新的技术，可以变得超出"人"。今天有一个说法叫"奇点时代"，什么叫奇点时代？就是说2049年以后，我们的技术就可以保证很多人不死，不是说真的不死，而是说他可以不断换心脏、换肺、不断换身体器官，不断植入各种各样的仿生器官，从而能够接近不死，至少活两百年没有问题。当人类社会中有些人在生物机体的意义上开始慢慢变得不同，我们社会的区分，难道真的还是一个社会本身的政治性与社会性的区分吗？

这才是政治哲学真正要思考的问题，叫"长生不死的政治后果"。政治生活上的不平等，古希腊的时候就存在，到今天还是这样，而且1％的人与99％的人之间的差距越来越大。我们中国也是，从统计上看，我们的财富是在增长，我们收入的平均数在增长，但是中位数却没有增长。

什么叫中位数没有增长？就是大量财富聚集在了0.1%的少数人手里。少数富豪手中的财富增长正在拉动平均增长，但是中产阶级却在破产，所以中位数不但不增长还下降。这很可怕。

就是这0.1%的人，正在慢慢变成另外一种人，当这种人活到两三百岁的时候，你以为他们还愿意跟你们在一起？你以为他们看到你还很开心？今天有一个说法叫"低端人口"，很恐怖的。我们的生存，本来还有自然生命的最后平等。以前说"王侯将相，宁有种乎"，你比我了不起，但你活几十岁也得死，我们看着你死，我们最后的智慧叫"我活过你"。以前搞学术的就是这样，你不是大师没关系，你顶住，大师死了你就是大师。你不要死，你先死了，你就什么都不是，所以今天很多人都变成大师了。

现在，自然生命最后的平等正在被打破。有一些人与生物技术和人工智能后，正在变成另一种人。未来，在某一点上，很可能有些人忽然决定，不再与其他人同类。马克思讲到一个词叫"类存在"，就是人开始有意识地将自己作为单独的类别。智人当年就发展出了这种"类存在"意识：我跟你们不是一个类别，你们叫动物，我们叫人。从这个时候开始，所有的残忍都开始了。

人工智能的时代,是一个大时代,我们处在大时代的初始阶段。你看现在的"维密秀",你能进去吗?它只向0.01%的人开放,你有钱都买不到门票,有些刚发了一点小财的人,对不起,没你什么事,王思聪可以来,你来不了。所以这个世界已经慢慢发展到有一些人不屑于跟你在一起的地步。他们不屑于跟你在一起,后果是什么?就是一个"类存在"的意识诞生了。那些参加"维密秀"的人彼此认证:我们是我们,我们才属于我们,外面的人恶心死了,最好你们快点消失。

而且,未来通过各种各样的技术,人确实会越来越干净,越来越完美。什么叫干净?就是说你的身体依旧会排泄,依旧有循环,但有纳米机器人进入到你的身体中协助清理,你就不用排便。你真可以一天到晚吐气如兰,因为你没有任何味道。但是一般人,无力负担昂贵的纳米技术,你那么臭,谁愿意跟你在一起?你跑过去让林志玲帮你签名,她会跟你签吗?避之唯恐不及!当这个时刻来临,我们怎么办?

今天的情况不是一样吗?我们穿好衣服,觉得自己很干净,我们看到动物觉得很脏。动物怎么会嫌自己脏?人是唯一在裸体时会有羞耻感的动物。比如狗,你给它穿衣

未来的焦虑

服，它还不要穿，觉得不舒服。人还是唯一觉得自己的粪便肮脏的动物，动物不会那么觉得。动物还喜欢闻对方的粪便，但我们人是要用抽水马桶把粪便抽走的。再往后走呢，当我们中的大部分人都慢慢接近于粪便式的存在呢？

这个世界已经到了这样一个时刻，在这个时刻，我们怎么去思考，怎么去应对，今天的政治学家准备好了吗？怎么去建设一个社会，让所有的人都能有尊严地生活？现在的社会那么动荡，不就是因为我们到了一个关口了吗？在这个关口，我们看到很多人觉得不舒服，我们想和他们划清界限。在这一刻，当你想和"低端人口"划清界限的时候，你想没想过，你自己在另外一个地方，也被别人划到另一边去了？你不会想这些事。你对别人残忍的时候，你不会想你自己早已被残忍了，你早已不属于很多地方了。

举个例子，以前上海的很多地方是"华人与狗不得入内"的，我们今天去外滩走一走，你发现很多地方很漂亮，但是你进不去了。如果你不是某个俱乐部的成员，就根本进不去，你是教授都没用。你进去，人家轰你出来。我们已经有很多地方是这样了，包括很多上海人也只能搬到很远的地方去。你看整个市中心谁在居住？有人在居住，但是不是你。

无用阶级的崛起

所以我们现在思考的一个点就是，人工智能来了，人类彼此之间的力量会变得越来越不均衡，而这个不均衡意味着，这应当是政治家、哲学家和政治哲学家一起来思考的问题：我们有没有准备好，怎么建设我们的未来？

另外，我们的社会也确实不争气。你们看看，一边是二十年后的马斯克们、马云们、马化腾们，这些人，他们的力量早就不止于生物意义上的人。你想问题用 1 秒钟，人家用 0.01 秒，早就有方案想好了。你跟他们怎么对话？最后人家所有的东西都比你好，人家会愿意跟你玩游戏吗？不会的，人家笑笑，消失，不要跟你搞在一起。

另外一边是无用阶级的诞生。两个多月前，就在人民广场，那么多人排队五个小时，只为买喜茶，买鲍师傅。我去看过，很壮观的，一队是排喜茶，一队是排鲍师傅，至少排五个小时。好不容易有个休息日，却用来去排队。未来呢？未来你会有大把的时间去做这个事，因为谁还需要你工作？车间不需要你，流水线不需要你，出租车不需要你开（现在都自动开车），律师以后不需要你去做，医生不需要你去做，你还能干吗？就是排队吃饭，你没有事做。

那些人怎么这么闲？有人问过这个问题吗？排队五小时，只为买一杯奶茶，我是没喝过，不知道有多好喝。但是我们四十几岁的人，一杯奶茶什么味道心里多少是有数的。一杯奶茶能有多好喝，让你愿意用五小时去排队？这五小时里你还不能离开，不能去上厕所，跑掉的话你的位置就没了。你憋五小时只为去买一杯饮料，这样荒诞的事情却还有很多人在做。

所以我们这样一个时代，怎么被人看得起？这个时代会逐渐成为无用阶级的时代。最后会出来一个非常有意思的现象，就是你可以继续玩，社会会继续养着你，但是养着你干吗呢？

十八年前（1999年）有一部美国电影叫《黑客帝国》(The Matrix)。关于这部电影，我有一个重要的观点：其实《黑客帝国》讲的就是今天，我们所有的人都生活在一个巨大的、我们认为很美好的世界里，其实这个世界并不美好。上海被称作"魔都"，一旦被称作魔都了就有点像黑客帝国，你感觉很好看，但是你不想看到真相，它不好看的地方你不想看。

关于《黑客帝国》，有一个很奇怪的问题，这个问题不是我提出的,是齐泽克提出的。他说那个计算机人工智能"母体",或者叫"矩阵",它为什么需要你?它为什么在每个人头上接一根管子,还要努力让你沉浸在虚拟世界里?它如果需要电源,有各种获取方式,不需要借助你这个肉体,那为什么还要把那么多人养在那边,让那些人有机会反抗它?

今天我们回过头去看《黑客帝国》,这个谜题可以解开了。电影中的matrix,也就是"母体",不只是一个人工智能,它是由一个碳基生命和硅基生命的结合体在控制着。如果真的是一个无机生命的话,它会完全不需要你,但如果它是一个碳基生命、硅基生命与各种植入的结合体共同操控的人工智能的大机器的话,那它就有可能会需要你。

这个时候就能体现无用阶级的用处。这个时候你成了大白鼠,你的身体唯一有价值的是,当高级的碳基生命有需要的时候,你可以作为器官的供应者。未来当我们所有的人,最终下降到这个地步的时候,就很简单,你可以每天很开心地玩虚拟游戏,但是到某一刻需要你的时候,系统就可以用非常文明的方式把你贡献出去了。

我认为,未来的黑客帝国不会很遥远。我们需要思考:人类文明是如何成为人类纪的。不思考这个过程,我们对未来是没有把握的。了解到这一点,怎么去介入未来?时间很紧张了,我们必须与"马斯克们"赛跑。

迈向共富国:让每一个人分享科技发展的利好

人工智能会继续高速发展,技术肯定会往下走,你没办法阻止。现在问题的关键是:我们的政治哲学家与这个世界的政治领袖——现在这个时代呼唤大领袖——有没有能力,有没有眼光,成就一个 commonwealth?这一概念在现代性缘起的最初,也就是五六百前年就提出来了。现在翻译为"共和国",其实应该叫"共富国"。

什么叫共富国?就是真正的共富,就是让我们每一个人都有机会分享到今天科技发展的利好。而当分享不了的时候,这个社会就会出现越来越多的扭曲。当扭曲到一个点上,就不可逆了,这个时候你再想介入,那就是介入不了的介入:当两种东西完全不再是一种生物体的时候,你再要介入,对方为什么要跟你一起坐下来谈论问题?当人家手指弹一下就可以让你消失的时候,人家为什么要跟你对话?

在我们坚持每个人都有价值的时候,有没有可能建设一个真正的共富国？在这个共富的基础上，我们有没有可能一起去建构一个有人工智能也有人类尊严的明天？

实际上不只是人类的尊严，我们要把这个尊严更加放大，因为我们发现我们所有的残忍，都是来自于我们自以为的美好。我们残忍地对待所有比我们弱小的物种时，你怎么能阻止未来很多别的力量把我们碾压在脚下？他们为什么不能这样对你？纳粹在二十世纪失败了，下一轮会失败吗？下一轮它会带着各种各样别的名字重新出现。下一次，可能是另外一种生命体来对你做出残忍的举动，这时你有没有能力说：不行，不要对我这样？你是无力的。

我觉得如今的年轻人要把学问做到自己生命里去，要与这个时代结合。这是一个大时代，如果我们每个人能活八九十岁的话，我们能看到很多东西，很多东西已经在临界点上了，再往后走，没几年就会出来。你们今天不觉得我们接受新闻的速度已经跟不上时局的变化了吗？国际氛围变化诡异，以各个角度在轰炸我们，七八年前可不是这样的。

再往后走，如果我们都觉得自己无法有所作为，那你就无所作为了。但如果你愿意去思考，在思考中获取一份反思的力量的话，我觉得还有二十年时间可以让我们跟科技赛跑。马斯克们在二十年间到达"奇点"的时候,他们中的有些人可以不死,但很多别的人还得死;在这点到来之前,我们需要和他们立下一个契约:我们怎么玩这个游戏?

我们可以达成一个我称为共富国的真正的政治智慧。在人类政治能力的起点,我们有亚里士多德跟荀子,他们都说得非常好。现在,我们有没有能力走向新的明天?

人工智能与未来社会

反思一：人工智能与第三次世界大战

有"现实版钢铁侠"之称的 SpaceX 公司创始人埃隆·马斯克（Elon Musk），最近重申"人工智能威胁论"，声称 AI 很可能将会引发第三次世界大战。他带领一百多位人工智能领域的专家一起签名，强烈呼吁限制人工智能的开发，尤其是人工智能自主武器的开发。[①] 这个呼吁，绝非无凭之说。人工智能过去这些年的"指数级"加速发展，尤其是"阿尔法狗"（AlphaGo）深度自我学习能力在公共世界

[①]《埃隆·马斯克：人工智能将引发三战》，新浪新闻中心，⟨http://news.sina.com.cn/w/2017-09-06/doc-ifykpuui1258188.shtml⟩（于2017年9月7日访问）。

的华丽展示,具有反思性的时代精英们越来越感觉到,AI的更新迭代已到了一个类似"门槛"的关键地带:门槛这边它还是人类的好工具、超级助手,而门槛的那一边,则模糊地站着某种意义上的自主行动者。而正是后一个模糊画面,让这个行业包括马斯克在内的很多领跑者胆战心惊,视之为"终极威胁"。

在此处,有两点值得进一步分析。首先,针对马斯克对人工智能这一诊断和反思,我们有必要思考这样一个问题:没有人工智能,人类就更安全吗?人工智能的"自主判断"靠不住,人的判断就更可靠吗?如果说人工智能将引发第三次世界大战,那么前两次世界大战又是谁发动的?亚里士多德说"人依其自然是政治的动物"[1],然而人的政治能力和智慧,真的已强大到能够化解各种可能引发下一场世界大战的危机吗?未来人工智能倘若真的获取"意识",我想它们会说:"这个黑锅我们不背。"

让我们把反思的反思,再继续推进。马斯克呼吁对人工智能开发进行刹车,但问题在于,这辆"车"真的刹得

---

[1] Aristotle, *Politics*, trans. Ernest Barker, Oxford: Oxford University Press, 1995, p.10.

住吗？在我看来以下两个因素，将使得马斯克的这个建议，从一开始就注定是一个"空谈"。首先，我们的世界，仍然处在民族国家格局中。普京在2017年9月1日的讲话中称，人工智能领域的主宰者将主宰世界，实际上这早已成为各国政要不明说的共识。在当代世界格局中，"有一些国家仍会铆足劲推进AI研发"的画面，将使得那些觉得马斯克言之有理的国家亦无法实质性地采纳其建议。即便这场人工智能军备竞赛的前景是灾难性的，但赛场内的玩家们谁也无法承受轻易退出所带来的风险。其次，我们的世界，仍然遵循全球资本主义秩序。人工智能因其确实在各个产业内巨幅降低成本，从而大幅增加利润空间，将会不断造成大量的失业人口；而且，人工智能不断为人类生活提供各种优质服务，并且服务的潜力无可穷尽。这两者，使得它具有巨大的商业化前景。在资本主义系统中，只要有赢利空间，资本就会源源不断涌入，何况是高额赢利的空间。①

---

① 缺乏赢利性投资，则是资本主义经济危机的真正核心。当盈余资本找不到赢利性出口，经济便陷入停滞，并随之引起大规模失业、资本贬值……参见吴冠军：《"历史终结"时代的"伊斯兰国"：一个政治哲学分析》，《探索与争鸣》2016年第2期。

是以，因当下世界的民族国家格局与全球资本主义秩序，马斯克的"人工智能威胁论"，在这个时代最后只会沦为一番"空谈"。马斯克"威胁论"真正带来的思想激荡，不在于未来 AI 是否引发第三次世界大战，而在于如果他是对的，那么这个世界当下采用的支配性政治-经济-意识形态建制，将逼使所有人一起眼睁睁地看着人工智能的威胁一步步来临……

反思二：人工智能的真正伦理挑战

人工智能不只是给我们这个世界带来了巨大的"文明威胁"，同时，它也带来了深邃的伦理挑战——而这份挑战，使人类遭遇自身"文明"的变态内核。

当下关于人工智能的讨论尽管异常激烈，但在以下两点上却形成普遍的共识。第一，人工智能里的"人工"（artificial）一词，清晰地标识了：人是人工智能的创造者，就如上帝（或普罗米修斯、女娲……）创造了人那样。第二，人发明人工智能，就是要让后者为自己服务。这两点共识交织起来，奠定了"人机伦理"的基调。著名的阿西莫夫"机器人三定律"，就是这种"人机伦理"基调的前身。第一定律：机器人不得伤害人类，或坐视人类受到伤害。第二定律：机器人必须服从人类的命令，除非与第一定律冲突。第三定律：在不违背第一定律和第二定律的情况下，机器人必须保护自己。直到今天，人工智能即便在很多领域已经使人的能力变得微不足道，这一伦理的基调也绝未改变。

首先，我们是创造者。创造者对于被创造者，具有心理上和道德上的双重优越感。而正是人的优越感与人工智能的"服务性"，决定两者之间的伦理结构——在这个结构里，前者对后者做再残忍的事，在伦理上都是正当的、可接受的。人对待并非由其创造的动物，就是遵从相似的伦理结构。以狗这个人类最亲密的物种而言，人吃狗，一些爱狗人士受不了；但反过来狗吃人，所有人都受不了。2016年4月英国利物浦当地法院判处了一条叫Butch的狗死刑，因其吃掉了已逝主人的尸体。这条新闻以"你的狗会否吃你死尸？绝对！"为标题传遍全球社交媒体，从脸书到微信，都是一片惊呼，纷纷表示"现在看自己宠物的眼神都不一样了"[1]……

---

[1] 参见《狗狗会吃掉主人的尸体吗？尝到血腥味后自动开始吞食》，新浪科技，⟨http://tech.sina.com.cn/d/a/2017-07-18/doc-ifyiakwa4315629.shtml⟩（于2017年9月7日访问）。

未来的焦虑

前不久热播的美剧《西部世界》(West World),清晰地展现了"人机伦理"的变态内核。在该剧中,人工智能成为了满足人各种生理乃至幻想的欲望、让人"爽"到底的大型主题乐园的"服务生"。人与人群处的"现实世界"里,因"权利"、"性别平等"、"种族平等"等概念的发明而使得很多行为受到限制,但正因此,机器人"服务生"、"接待员"们,便成为了人工智能巨大的商业化前景。实际上就在今天,"性爱机器人"已经如雨后春笋般问世,研发产业如火如荼,各种产品快速迭代,使得不少研究者断言"到2050年,人类与机器人之间的性爱将超越人与人之间的性爱","与机器人性爱可能让人上瘾,将来甚至可能完全取代人与人之间的性爱"。[1]"性爱机器人"的快速迭代,使得《西部世界》里那种大规模的成人乐园离进入人们视野已经为时不远了。

作为"服务生"的机器人,不但高效完成任务从而使人获得轻松、舒爽,并且还使人彻底摆脱跟"其他人"合作来完成同样的事所可能产生的各种"人际关系"烦恼。

---

[1] 《震撼!"性爱机器人"真来了,这次让我目瞪口呆!》,搜狐科技,〈http://www.sohu.com/a/168804048_685344〉(于2017年9月7日访问)。

"机器人"任劳任怨,从不要求奖励或平起平坐……实际上,"robot"准确而言不应被译为"机器人",它来自于斯拉夫语中的"robota",意为"被强迫的劳工"。故而它更精准的翻译,是"机奴"。[①] 在《西部世界》里,那些在现实世界中衣冠楚楚的白领,到了主题乐园里便奸淫屠杀、无恶不作,如果人工智能"服务生"配合得不够好,则立即会"系统报错"然后被"召回"……

在今天关于人工智能的讨论中,很多专家认为在我们的"现实世界"里,《西部世界》里展现的具有自我意识的 AI 并不可能出现。但《西部世界》引出的真正问题,不是 AI 是否会有意识,而是如下这个问题:从 AI 眼里看出来,人究竟是什么。正如在今天,各种词典和百科全书会很"客观"地在不少动物的词条下写上"害虫"或"浑身都是宝"(肉味鲜美、皮可制革、鞭可入药……)。然而没有人反过来追问:我们要"灭四害",那么,苍蝇、蚊子、麻雀、老鼠等等就该死吗?在老鼠眼里,我们是什么——是"害虫"或者"害'人'"?德里达(Jacques Derrida)曾谈

[①] "机奴"一词取自我的朋友徐英瑾和我的一次聊天,其涵义不同于当下媒体对该词的使用(指"手机奴隶")。

到，他某次洗完澡后赤身裸体走出浴室，尽管家里就他自己，但发现自己的宠物猫正在看着他时，那一瞬间忽然感到不适，并立即用浴巾遮盖住了自己的裸体，只因他想到了如下问题——在这只猫的眼睛里，自己究竟是一个怎样的"怪物"！

"阿法尔狗"的投资人坚恩·托林（Jaan Tallinn）在一个晚近采访中谈到："我们需要重新定义 AI 研究的目标，不停留于单纯的智能开发上，而是开发能充分对接人类价值观的超级智慧。"①"对接人类价值观"，实质上就是让 AI 接受"人机伦理"（如阿西莫夫三定律）。而问题在于，这套伦理价值本身，恰恰很不伦理（unethical）。尽管人类"文明"世界里一片文质彬彬、衣冠楚楚，但真正能够洞察该"文明"的地点，恰恰是阿甘本（Giorgio Agamben）所说的那些"无区分地带"（zones of indistinction），在其中人、动物以及人工智能的"区划"彻底无效（inoperative）。在那样的地带上，我们看到：人的伦理，实是极度不伦理。人工智能带给我们的真正伦理挑战就是：透过它，我们遭

---

① 《中国 AI 达人对话 AlphaGo 投资人》，〈http://36kr.com/p/5048342.html〉（于 2017 年 9 月 7 日访问）。

遇没有"文明"("人类价值观")面具的自己!

故此,"人机伦理"恰恰是反观"人际伦理"的界限性阈点。人对机器人采取的残忍行为,实际上就是人自身被压抑下去的残忍。而精神分析告诉我们,被压抑的,总会返回。《西部世界》里白领对"服务生"的虐奸和虐杀、前两年社交媒体中流行的"虐猫"、去年中国女留学生被德国当地一对情侣奸杀①、今年中国女访问学者在美国名校校区附近被杀害②⋯⋯都是这样的症状性返回(symptomatic return)。

反思三:马斯克们才是真正的威胁

托林和马斯克一样,深深担忧人工智能的自我学习与进化能力,担心成为自主行动者的 AI 终有一天会彻底终结人类文明,所以他提出必须"开发能充分对接人类价值观

---

① 《德国情侣奸杀中国女生庭审:欲玩三人性游戏多次施暴》,凤凰资讯,〈http://news.ifeng.com/a/20161128/50327567_0.shtml〉(于 2017 年 9 月 7 日访问)。
② 《中国访问学者章莹颖失踪前后发生了什么?》,央视网新闻频道,〈http://news.cctv.com/2017/07/04/ARTIuM3I oKrithlY4kBlTvuZ170704.shtml〉(于 2017 年 9 月 7 日访问)。

未来的焦虑　113

的超级智慧"。而马斯克最近则公布了成立新公司Neuralink的计划，该公司致力于实现"脑机融合"，把人类大脑与机器连接在一起。马斯克说："既然我之前对人工智能的警告收效甚微，那么我们就自己来塑造（人工智能）的发展，让它走向好的一面。"马斯克认为人和机器一体化的"赛博格"（cyborg），是人工智能"走向好的一面"的唯一可能。而在我看来，这才是比那据说正"走向坏的一面"的人工智能（具有"意识"、自主行动）迫近得多的真正威胁。

在今天，上流阶层从早期受孕开始就通过各种干预方式，日渐成为一群外貌、体能、健康、智慧等各个面向上都较为特殊的高级群体。而通过器官移植、再生医学、基因工程以及纳米机器人等等新技术，差不多到2050年，人——至少一部分人——有望活过200岁，乃至接近"不死"。好莱坞影星安吉丽娜·朱莉（Angelina Jolie）通过收费高昂的基因测试以及手术干预的方式，提前对自己罹患乳腺癌的高风险做出安全规避。但问题在于，这些新技术，是当下绝大部分人承受不起的。当生物工程、仿生工程与人工智能工程所带来的最新利好，只被极少数"权-贵"享用、以便让他们将自己提升为"钢铁侠"式超级赛博格时，这将对人类"文明"带来真正的致命威胁。

这个社会的99%和1%，本来是社会性的不平等、共同体生活中的不平等，自然生命上并无不等。而马斯克式超级赛博格诞生的政治后果就是：因政治生活（bios）中的不平等，导致自然生命（zoē）的最后平等也被破除。以前99%的大众最大安慰是，处于社会最顶端的1%再风光、再跋扈，最后大家一样要死。但是，社会精英阶层现在依靠共同体生活中的既有不平等，最终能通过生物工程、仿生工程与人工智能工程带来的各种新技术，从一开始就对自身进行生物意义上的改进和煅铸。于是，很快，1%和99%真的会从共同体意义的两个不平等阶层，变成生物学意义上两种完全不同的人。而以前当我们是同一种人时，我们都没有政治智慧来安顿共同的生活，二十世纪还有大规模的种族屠杀，现在当生物意义上变成两种人后，还如何共同生活？

并且，在不远的未来，99%的人，很快将变成"无用之人"。人变得彻底多余、彻底无用，"无用阶级"的唯一用处，可能只有成为器官的供应者而被养着，一旦精英阶层需要你的器官，你就只能坐以待毙……

人类的共同体（community），建立在"存在于相同

未来的焦虑

中"(being-in-common)上——当未来1%和99%的人在生物学层面都不再"同"之后,那么共同体的群处生活(bios)是否还可能?这就意味着,我们实际上在和马斯克们赛跑,即,如何在未来几十年间,真正在政治层面建立起"大同世界"(commonwealth),使得所有人都有平等机会享用诸种新技术带来的最新利好。否则,未来的世界很可能不是 AI 统治人类,而是马斯克式超级赛博格统治一切。

反思"双十一"为标识的当代消费文化

网购已成为我们生命的关键部分

临近"双十一",只要一打开手机 APP 或是任何浏览器,我们都会被"天猫"网站的宣传图片轰炸。甚至早在"双十一"到来的一个月前,我们就已经进入了"剁手"的节奏,因为这两年"天猫"推出了一个新玩法,叫交订金。

"双十一"已经在方方面面影响了我们的生活方式:它已不只是一个节日,而是标识了我们当代生活中的一个重要面向。过去的六七年中,"双十一"的营销力度一路加强,我们也斗志昂扬地迎合,血拼到精疲力竭。所以,淘宝、天猫、阿里巴巴的整个商业帝国神话,建立在我们欲望本身"无限制昂扬"的基础上。我们不断地花钱,而且过度地花钱，不到最后彻底没钱了停不下来。

今天，人们的生存、人性（humanity）以及尊严，已经跟"购买"这一行为紧密相连，甚至我们让它定义自己：只有"买买买"的人生才是完整的人生。换言之，网络购物已然是人们生命中的关键部分、一个定义性特征（defining feature）。"双十一"也成为了标志我们作为人而存在于当下的关键符号。

每一年阿里巴巴都会统计当年"双十一"的交易额。从2011年开始，每年的交易额都是前一年的好几倍。这个数据很恐怖。每一年我们都会匪夷所思，这一年国民百分之多少的钱都在这一天里花出去了，但是第二年的数据会给你更大的震撼。我们永远不知道这个数字最后会到达多少，按照马云的说法，只有你想不到的。2017年的"双十一"尚未到来，预付的订金数额已高得离谱，这一现象值得深思。

商业逻辑能把很多已有节日变成商业性节日

"双十一"作为一个购物节，在当今中国可谓非常成功，它成功的原因是什么？我个人觉得至少有两个原因。

第一,"阿里巴巴"肯定是有一个非常棒的团队,背后有一群人在推动"双十一"的传播。这群人创制的这个节,成功改造了一个原本与购物关系并不大的日子。他们的努力,纯然是一个创造性的行动。

我们都知道,"双十一"最初的意义,是一群单身人士纪念单身生活的节日。阿里巴巴对于这个日子的"改写"思路,实在是一个神来之笔:既然你们是单身——在中国,单身感觉是一件很奇怪的事情,和有伴侣的人相比,单身人士好像低人一等的样子——那么我就给你补偿。

就是说,在中国,单身是个令人不愉快、希望摆脱的生活状态;在中国,设立"单身节"是为了拼命要在这一天搞到对象"脱单"。而阿里巴巴很聪明地利用了这种逻辑,看准了商机:在一天之内"脱单"并不容易;人们既然把"双十一"人为制造成了单身节,希望为缺爱的生活寻找补偿,那阿里巴巴就通过"淘宝商城"来为单身人士提供补偿。在这一天,你们可以买到各种便宜的物品,想要什么都可以用超低的价格买到,除了爱,什么你都能买到。所以,这一天突然就与购物挂起钩来。大家很快又发现,"单身身份"不需要证明文件,单身人士能买的,有伴侣的人为什么就不能买?推而广之这一天就变成全民购物节了，甚至也成为了丈夫们的"噩梦日"。

但"双十一"的成功，既是由于商业运营的成功，更深层的原因，是在于当今中国社会发生的变化。

如今，中国的节日越来越多了，基本分为几种：第一种是传统节日，先祖留给我们的节日，比方说中秋、重阳、春节；另一种是有政治意义的节日，如"三八"妇女节、"五一"劳动节、建军节，等等。而随着商业的发展，包括很多传统节日在内的节日，都变成了商业性节日。比方说，过节的时候，商场里满眼都是"满减"的大红广告标语，优惠力度实在夸张，不知道利润在哪里，但就是这些红色减价标志，如今成了渲染节日气氛的关键。

但是当今中国已经崛起了一批数字时代的新兴精英，就跟当年资产阶级兴起时需要自己的文化标识而不满足于沿袭传统贵族的文化习俗一样，今天的数字精英想要属于自己的"日子"，而不仅仅是改造传统节日，比如把中秋节变成购物节，这不够。他们一定要人为地创造一个新的节日，一个标识他们特殊性的节日，于是"双十一"就这样诞生了。如果说"双十一"总算还有一个"光棍节"的由头，那京东"六一八"就是空穴来风了，但却也很快做大做强了。

马云一直强调，这是一个独特的节日。从2015年开始，阿里巴巴每年都举办"双十一"晚会，邀请的国内外明星的档次都不亚于"春晚"。马云的意图，就是想让"双十一购物节"彻底盖过代表传统节日的春节，就是要让"双十一"成为中国人心中数一数二的重大节日。到了2017年，"双十一"甚至改名叫"全球狂欢节"，马云已经有了吞下宇宙的心。

"双十一"创设至今有七八年了，规模拓展的速度十分疯狂。甚至它本身，就标示着一种疯狂。"双十一"的很多相关词汇，都相当血腥暴力，比如"备战"，"秒杀"，"血拼"……都是非常血腥乃至军事化的语词，但我们对此浑然不觉。其实这些字眼已揭示了我们的生存进入到某种疯狂的状态。

近两年还新出现一个词叫"剁手"。现在要戒除购物的欲望，恐怕比戒毒还难，所以只得砍手，血腥得不行。"剁手党"还有没有救，该怎么去救？"买买买"的举动为什么停不下来？今天立下誓言不再网购，明天购物车又很快装满，原因何在？

过去十年是乔布斯的十年

苹果公司联合创始人史蒂夫·乔布斯是很多人的偶像。他确实十分了不起,我甚至曾经在访谈中说,"过去的十年是乔布斯的十年。"为什么?

因为他的成功模式的确不同于以往的商业精英,他创造了当代独有的盈利特征。乔布斯的自传中有一个细节令我印象深刻。当时,在第一代 iPhone 推出之前,苹果公司举行过一次高层会议,讨论要不要做 iPhone。虽然我们今天都用惯了智能手机,但在这之前是没有这个东西的,苹果公司也不知道能不能做成功。苹果公司之前都是做电脑及大型服务器等产品的,一度进入了发展瓶颈期,这才会考虑是否要转型做手机。

当时公司内部对此意见不一,很多人建议先做一个市场调查,了解消费者会不会需要这样的产品。但乔布斯说:我们根本不需要了解他们(消费者)需要什么,由我们告诉他们需要什么。乔布斯的 iPhone 的成功就在于此:不是去"了解"人们需要什么,而是"告诉"人们需要什么。换言之,乔布斯不是制造产品,他首先是制造欲望。苹果的风格是：我不是卖给你一组技术参数，不是卖给你性价比，我卖给你"iPhone"。所以，如今的苹果公司，实际上已经彻底告别了乔布斯时代。iPhone X推出时，宣传的重点都是技术参数、屏幕尺寸、高清摄像头，等等，却再也没能替消费者创造出新的欲望。难怪华为一个高管会嘲笑iPhone X除了价格贵得离谱，别的就什么都没有了。苹果已经进入后乔布斯时代。

制造消费欲望

谈论我们今天的时代，需要理论和思想。雅克·拉康（Jaques Lacan）是法国的精神分析学家，他的理论穿透力非常强，对精神分析学有再造之功。我这里要用到他一个重要观点。当你说你"需要"一个东西，这到底意味着什么？拉康对此做了概念上的区分。他认为，需求和欲望是完全不一样的。这个区分很有价值。比如，当我脑子里想要某件东西，我把它放到购物车里时，我已经在精神分析的意义上与这个产品产生了关联。但是，这到底是需求还是欲望？

举个例子，上海很知名的"人广双雄"，即，开在人民广场附近的两家网红店,"喜茶"和"鲍师傅"。两家店每天排队的人都很多,消费者要花好几小时才能买到他们家的茶饮或点心。现在都市白领们工作很忙,纷纷感叹"压力山大",却会在仅有的双休日花上几小时排队只为买杯饮料!我们不禁要问,是什么力量促使他们去排队的?排队的人中,很多可能还是中产阶级人士,在各自的专业领域内脑子很好使,却甘心五小时排队喝一杯饮料,是他们脑子坏掉了,还是那一口喜茶就真的那么好喝?

有意思的是,最近出来一个报道,曝光这种门口很长队伍的"网红店":排队人里面,有不少是店铺雇佣的,人为制造队伍很长的情景。大家"哦"一下,原来"网红店"是这么产生的,瞬间感觉没什么了不起。其实,这更了不起:虽然有人为制造的虚假排队,但那几百人的长队里大部分的人却都还是真实的、自发的消费者。要追问的恰恰是:为什么这么多人会心甘情愿排长队?

我觉得这些网红店主真的很聪明,他们懂得制造你的欲望。我们的味蕾真的值得信赖吗?当你直接喝一杯饮料,跟你花了几个小时才买到的饮料,喝起来快感是一样的吗?经过漫长等待的加成,你嘴里喝进去的"喜茶"就成琼浆玉液了。而且你不但要喝,还要拍照,让朋友圈里的人都感到：你们没喝过"喜茶"，实在是低品质生活。商家通过雇佣少数人，把喜茶这个产品变成一个欲望，这不再是一杯茶的问题了，不管喝没喝过的人都渴望它。很快，它就成了现象级饮料。

在这个意义上，"喜茶"代表了当下时代的一个关键部分：一种聪明地制造欲望的方式。

工业化的资本主义成了盛景的资本主义

我还想引入一位叫居伊·德波（Guy Debord）的法国马克思主义理论家，五十年前他出版了一本非常重要的书叫《景观社会》（La Société du spectacle）。但是我在论文里把 spectacle 翻译成"盛景"，我觉得"景观"不足以涵盖这个词的意义，因为 spectacle 远远不只是我们所看到的东西，它是指让你不明所以就会目眩神迷的景象，当你看到它，你瞬间会流口水。所以我把这个词翻译成"盛景"。

《景观社会》是 1967 年出版的，当时的法国崛起了一批大师，但是那些大思想家几乎没一个赞同德波的"盛景"理论，福柯更是不点名地嘲讽德波。但在我看来，德波真的是一个具有前瞻性思想家。我们今天就处于盛景社会，

未来的焦虑

所有落入我们眼帘、吸引我们目光的，都是盛景。很多女生看到LV包就会直接"流口水"，即使在搞专业设计的人士看来，那些包包要多难看有多难看，在很多男生们看来也一点不实用，连个笔记本电脑都放不下，但是女生们就是会直接为之尖叫！她们是脑子坏了？一点没坏。是有一个力量在让她们"直接"尖叫。

我们今天所谓的"网红"，Internet Red，为什么受到那么多关注？我专门查了2017年的网红排行榜，排名前十的，都是让男生——这次是男生！——尖叫的美女。而且，这十个人的脸几乎一模一样，同一台机器批量生产出来的都没那么像。今天还流行一种活动叫"直播"。我曾以为，那些红得发紫的主播，动辄吸引几百上千万网民几小时目不转睛地看，总得要有点才能吧。比方说，你很会讲段子，或者你很深邃，比高晓松更有知识，等等。但是很多直播是什么？点进去，你看到里面的主播在吃饭，在化妆。为什么有那么多人会一连看上几个小时，还不断去打赏？理由很简单，就冲着主播的那张网红脸去的！很多主播现在的月收入已经远远高于一个外企公司的CEO了。

今天，你点开网页或是打开手机APP，各种各样的网络购物促销活动的页面就会扑面冲来，无时无刻不在激发你的购买欲望。你走在路上，在车上、地铁里，随时随地会看到各种各样的盛景向你袭来，有时根本无法回避。我有一次在地铁站里换乘，经过一条很长的通道，通道两边被雅诗兰黛的广告占据了，你的眼睛无法回避，因为它不是一张两张的海报，而是整整一通道的海报，除非你闭眼走路，否则你一定能看到。

从原本工业化的、生产性的资本主义，过渡到如今的盛景资本主义，使得当下人类的处境更为可怕。老子有句话叫做，"五色令人目盲"。目不暇接的丰富物质，就是老子所说的令人心发狂的五色。盛景就是这样的"色"，我们被盛景弄得"色欲熏心"、欲罢不能。今天的资本主义有一个微妙的转变，整个重心落在消费者而不是生产者身上，消费支撑起了如今的全球资本主义秩序，加上"盛景"，我称之为资本主义的图像时代。商品在社会生活各个面向上全景式传播，所以德波的一句话就是："盛景不是这个社会的一个面向，而是唯一的一个面向，向我们不断地扑过来。"

整个世界成了一个巨大的盛景

当你的全部精力与心神完全落在消费上的时候，其实你是没有余力去思考"脱欧"还是不"脱欧"、特朗普还是希拉里当选总统的。当你投票的时候,你要么选择不投,要么就是乱投。你不会费心认真履行公民的责任。

所以有一个很重要的现象:很多年轻人不关心政治问题,即使那些问题与他们有关,他们也视而不见,因为他们的眼睛已被各种各样的东西占据了。这种情况可称之为"事件的去事件化":消费让你忙到没时间想别的事情,即便一个创痛性事件出来,比如,哪里又发生了恐怖主义袭击,这条消息也会很快消失无踪,不留痕迹。你来不及想,因为不断有美不胜收的盛景袭来,并用打折促销等各种手段,刺激你盲目地不断追求。

最具代表性的是今天的旅游业。如今的旅游业,就是将全球变成一个巨大的盛景,让你来花钱。前一段时间,高晓松那首歌很有名:"生活不止眼前的苟且,还有诗和远方的田野,你赤手空拳来到人世间,为找到那片海不顾一切。"晓松没有说的是,这个"远方"是要花钱买的,你不花钱,是没有远方的。"远方",早已是旅游业的一棵摇钱树。我们今天一到放假,马上去旅游,去远方……很多旅游宣传照片很漂亮,我们都被马尔代夫的旅游宣传照吸引了,但那张照片里的景象不存在于任何地方,你真正跑到那里也看不到画面里那个景象，它只停留在那张照片里。

所以要思考：我们不断消费，为旅游花钱，是为了什么？就是为这个巨大的盛景买单。

德波有个很好的分析：盛景永远必须保持一定距离来观看。比如，LV包包放在橱窗里面很好看，你买回来了，第一天可能觉得很好看，第二天好像就没那么好看了，五六天以后你会觉得真的很一般，因为下面马上会有新款的LV包出来，又勾起了你们购物欲。明星也是那样，只能隔着一定距离，他或者她才会让你流口水。

在这样的消费文化中，又产生了一种事物，叫做"同款商品"。这双鞋是范冰冰穿过的，虽然难看，但却能激起你的购买欲。为什么？因为你只要花较小的代价，就能在某个特定时刻感觉自己像个明星，感觉自己是这个时代盛景中的一部分。

"双十一"的影响远远超出我们所看到的

有同学曾问我说，老师你太夸张了，并不是每个人都在为"双十一"疯狂，还是有很多人在秉持"极简主义"的。我想强调的是，极简主义似乎跟今天主流的"双十一"

逻辑唱反调，但它们恰恰是相辅相成的。

实际上，极简主义是盛景消费的帮凶。光买东西囤在家里，是持久不了的。我去一位女性朋友家里，她有一个可以一层层拉开的大抽屉，里面有三百双鞋。就算每天换双鞋出去，一年到头也穿不完。我觉得其实她的快感不是穿她那些鞋，而是每一位来访的客人"哇"的一声表示惊叹的时刻，她的满足感瞬间最大化。

但是我们今天大部分人，是在有空间的前提下，才会"买买买"，否则自己放眼望去也会有觉得荒谬的一刻。于是就有了极简主义。在你的理性让你感到荒谬的前一刻，它就鼓励你扔扔扔，你只有不断地扔，才可以继续买，才可以对下一件物品继续产生欲望。否则的话，你不断地买，总会到达极限的。由此可见，"双十一"和极简主义，这两个逻辑恰恰是相辅相成的。

"双十一"对我们的生活造成的影响，远远超出我们自己所看到的。"淘宝"和"天猫"的崛起不一定是好事。我们跟身处的这座城市的关系，似乎越来越疏离了。以前我们总说外滩、陆家嘴，现在没事儿谁还去外滩、陆家嘴？现在我们的生活来来往往都是外卖、快递。我们每个人都在家里面等快递、等外卖。有人说，我工作地点在陆家嘴，所以跟陆家嘴还是会产生关联。其实照我说，马上这样的关联也不需要了，有没有发现，越来越多的商务楼开始租不出去了，为什么？因为现在每个人都有微信，都有视频工具，有工作就直接给你分派，直接开会，直接拉个群就可以做事情了。这样的话，企业为什么还需要把员工集中到办公地点上班？而且微信是不分上下班时间的，企业也就不需要你坐班了。

但如此一来代价更高，因为你无时无刻不在工作。如今大学也在死亡，学生还有必要到大学来读书吗？集中在一起听课，有时间成本、空间成本。今天出现了一个新的概念"知识付费"，学生在网上就可以听一流教授的"慕课"。从这个意义上说，大学也在式微。

人们越来越不需要出门，一旦人们不再出门，城市就变成了福柯所描述过的"瘟疫城市"，因为以前只有大瘟疫时代才会人人不出门，只有邮递员来来往往。这个城市变得跟我们无关。如果我们每个人跟城市所有的重要地点都无关的话，我们生活在上海和生活在别的地方就没有什么区别。我们的生活正在发生剧烈的变化。在《黑客帝国》中，每个人插一根管子玩虚拟游戏，电影中展现的"异托邦"正在全面到来。

我们的生活已经到了一个荒谬的时刻

消费的洪流将把我们引向何处？我认为，马云的狂欢，是"最后的狂欢"。不管今年"双十一"的数字又能增加多少，但它不可能永远一直往上翻番。为什么我能下此断言？

我把我们今天的消费叫生命消费。如今，生产过程可以不需要人类，很多环节人类都可以被代替，但唯有消费，还需要人来完成。商家生产那么多产品，就是需要有人来买。说得悲惨点，只要还有一口气，人就还要吃喝拉撒。买了东西就是在消费，这是肉体生命的真谛，而你买了东西，商家的产品就能继续流动，经济链条就可以运转。

但是我要说，这样的模式是不可持续的。前两天有一则美国新闻说，美国今天一般家庭的负债率远远超过1929年的大萧条时期。一方面就业越来越难，一方面得不断花钱，这怎么可能维持得久呢？所以说，马云是最后的收割者。再往后走，当你买不了单，付不了钱——消费永远是最无情的——商家总是生产能买单的人需要的产品。最后，当你们这群人什么物品都消费不起的时候，就出现"北京折叠"里的两个世界。商家不会再给那个下层的世界提供服务，也没有人再会管他们。而上面那个世界则构成闭环，自我消费，自我生产。但这个闭环结构其实也是不可能持久的，它的范围会越来越小，直至最后世界坍塌。

所以我说，我们的这个时代已经到了马云的狂欢阶段，马云的狂欢是可怕的，并且最后他会赢，因为他做了一个大平台，这个平台把你们所有人的钱给圈走了，直到你们付不出钱被抛弃为止——"双十一"在那一刻就会从"全民狂欢节"变成"高富帅节"，重新变成"海天盛筵"。

我们的生活已经到了一个荒谬的时刻，也正是这样的时刻，召唤我们哲学性的分析和批判性的介入。

正在到来的礼物

礼物的可怕

什么样的物品,属于好礼物?我自己有一个故事:我的女友曾送了我一个包,过几天她问我,吴老师,你为什么不换包?我问她,为什么要换包,我的包又没有坏。她说,我的包比你的"好"。这句话就可以做一个分析:这个"好"不是使用意义上的好——她送我的包比较小,我作为一个学者,用的包起码得放得下一台笔记本电脑加几本书吧。她所谓的"好"就是价格比较贵而已。从美学的角度来讲,那个包既不好看,又不实用,为什么这么贵呢?因为是 Coach 的限量版。在这个意义上,贵字当头是我们选择礼物时最可怕的地方。我们今天真的已进入消费时代。

在消费时代，我们之所以要买那么多东西，是因为商品自己会生产出对新商品的需求。比如，我们买了一个名牌的包，相应需要买大堆的护理品来保养它。比如女孩子喜欢用化妆品，因为伤害皮肤，又需要购买保养受到伤害的皮肤的护理品。

其实，礼物纯粹的涵义，就是赠予，贵不贵不是我们考虑的范围，因为赠予是不计回馈的。礼物代表了我的一个创意，一个心意或者一段情愫。但如今我们已经没有了纯粹的礼物，每个礼物在你没有送出去之前已经内在地、结构性地包含了一个返回的向度，你给出礼物的时候就已经知道会有回礼，这是我们今天的礼物产生的内在性变态结果。礼物的纯粹性从一开始就不存在，从一开始你构思买什么的时候，已经构思好可能会收到怎样的回礼了吧。就算没有实体礼物的回收，至少我在你身上种下了一种负债感，当你的负债感到了一定程度，势必要有所回报，无可逃遁。这就是互惠性结构产生的变态结果：当送出礼物，对方不得不回礼，大家都很痛苦。我之前写过一篇文章《被爱的暴力》，当一个人表白"I love you"，不管是有意还是无意，这一刻他的行为都是非常具有进攻性的，因为对方要么被迫回应说"I love you, too"，要么就会冒撕破脸的风险，不再做朋友。这个场合，她没得选。所以不到两情相悦的时候，这种表白其实是很可怕的。

东西方不同的"礼物传统"

东西方的"礼物传统"是不尽相同的。在西方传统中，尤其是在基督教教义里，礼物有着非常纯粹的涵义，"the gift of the God"，是上帝赐予的。上帝最纯粹，是全知全能的，他不需要你回馈什么，他对你是纯粹的馈赠。因此，礼物在西方保持了纯粹的向度——不能回礼的上帝的礼物。而在中国传统中，儒教的"教"是教育教化的意思，不是宗教的意义，礼物在中国没有纯粹的至高性。中国古人讲"礼尚往来"，礼物的性能日常而具体，一点也不纯粹，"来而不往非礼也"嘛。因此，中国人有一种实践性的智慧，比西方人看得穿，所谓"世事洞明皆学问，人情练达即文章"，中国人对待礼物就是世事洞明的态度。中国有红包文化，到今天还演化成了微信红包，红包就是最极端的"反礼物的礼物"——省去买礼物的所有环节，直接给钱。这是一种可怕的现金交换。这就是"礼尚往来"的逻辑极致。

然而有意思的是，在礼物送出的过程中，中国人又有一种十分智慧、甚至是十分有魅力的表达：在送礼物时不说"一点礼物"而说"一点心意"。这份礼物不是用钱买来的，而是发自内心的。这十分美妙：尽管和西方作为上帝馈赐的礼物不同，但作为心意的礼物同样具有一份纯粹性。因为"心意"从来不会要求回馈。真正作为心意的礼物，不具有互惠性与交换性。然而古人的这份美妙，在今天日常生活中已经被用俗用烂了，礼物不再具备对互惠性的超越。今天已经没有纯粹的礼物了。

经济理性是我们这个时代最可怕的东西

正因为中国"礼尚往来"的礼物传统，所以政治学层面上的"人道主义援助"，在中国传统中是看不懂的。这个概念原本就是西方的，西方有这个传统。但是，和礼物一样，如今人道主义援助的纯粹性已然溃散，充斥了太多的现实考量，援助会到哪里不到哪里，都有讲究，都有一张全球经济与地缘政治-军事的大地图。

甚至在今天，基督教传统本身也变质得厉害。传教士的传教实践，原本是基于虔信——坚信这是上帝馈赐的一个礼物，为把这份福音带给世人，他们不求回报。此处我只讲一段自己的亲身经历。我在墨尔本生活时，认识一位基督教士并与之成为朋友，他经常请我去聊神学问题，并和教友们一起吃饭，是免费的。但实际上这不是真正的上帝的馈赠，背后是要求回报的，最后他终于忍不住说：你就加入我们吧。这就回到了变态的礼物回馈结构：如果这是一个福音，为什么你们在背后还牵出一根根的线？

因此，经济理性是我们这个时代最可怕的东西，它渗透至所有地方，即便你是一个具有批判精神的知识分子，总想着尽快挣脱，但在全球资本主义秩序下，实际上在生活中无从逃离：即使你有高的学术素养，不断地分析它，不断地研究它，但是经济理性依旧锁定了你，再美丽的东西一到生活中，马上就不容分说进入经济理性的逻辑里。礼物就是一个典型的例子——即使今天我想送出一个不求返回的礼物，但对方不会允许，你送给我东西，我得还你，你不能要求对方的思想与你一致。虽然我这是一份真心的礼物、想表达纯粹的心意，但最后都变成了交换价值（exchange value）。马克思说过，交换是很可怕的事情，一旦在交换里面，每个人、每个物都只有一种根本属性——一种只能为经济理性所捕捉的"价值"。

礼物是不可能的东西

因此,我们要思考,如何去面对当下的世界。这个世界已经把我们以经济理性的方式组织进去,比如,你送领导礼物,可能期待对方会提拔你;你送父亲或老婆礼物,因为今天是父亲节,妇女节,等等。其实,处于某种要求、某个压力下送的礼,与礼物本身一点关系都没有。在妇女节送女性一件礼物,与世界哲学日读一本哲学书一样,根本没有尊重女性或者重视哲学。你心里根本就没有礼物的概念,只是不断在送礼。

稍微用点学术的话语,礼物是一个既内在(immanent)又超越(transcendent)的东西——它内在于我们的世界,就在我们的生活里,我们每天都要精打细算,筹谋准备什么样的礼物;但实际上真正的礼物,又外在于我们的世界。德里达有一句话:礼物是一个不可能的东西,不可能存在于真实的时间里,它没有在真实的世界里存在过。所以说,在送礼物的时候,我们就承载了该如何面对礼物本身带来的挑战这个伦理问题。

礼物与经济理性的关系,就跟正义与法律的关系一样。

未来的焦虑

正义亦是既内在又超越的，但生活中与正义有关的法律，则往往与正义很遥远，有太多的无助，正义焉在？礼物也是在日常生活中被拉到经济里面去交换，来而不往非礼也，来来往往，最后礼物焉在？德里达虽然具有狐狸般的智慧，但他没有最后狡猾到"世事洞明"。他说：有些东西是不能被解构的，正义不能被解构，礼物不能被解构，即使我们在生活中遍寻而不得。我们一直在寻找纯粹的礼物而不得，但是"礼物正在到来中"。所以，不要放弃寻找纯粹礼物的行动。

曾经在场过的"礼物"

尽管德里达认为礼物永远不在场，但我发现，礼物在场过。在中国，古人有不少诗词作品，就可以称之为纯粹的礼物。如果没有把真正的心意放进去，是写不出好诗的。"诗者，志之所之也。在心为志，发言为诗，故正得失，动天地，感鬼神，莫近于诗。"因此，古人的诗词寄赠，高山流水，以载心志，很多时候就是不求返回的纯粹的礼物。这是真正的一点心意，彻底非物质性的。即便"唱和"的诗词中也有很多是纯粹的礼物，比如辛弃疾与陈亮荡气回肠的唱和，把自己生命的情感都放在里面。这个礼物返回过去，也不是实惠的交换，而是一份新的心志抒发，这种情况在我们的文学史上比比皆是。

当然，又跟很多美好纯粹的东西一样，作为纯粹礼物的诗词，也很快会变成非纯粹的礼物。开了坏头的正是"诗仙"李白，他写的"李白乘舟将欲行，忽闻岸上踏歌声，桃花潭水深千尺，不及汪伦送我情"，根本就是打油诗，用来作为临时送人的礼物。最终这个礼物是有效果的：我们今天还能记得汪伦这个名字，如果不是他当时紧赶慢赶追过来，逼得"谪仙"以这四句话"相赠"，他的名字根本就不会留下来。

因此，诗词让我们看到，纯粹的礼物在中国曾经在场。在西方，我想举的例子就是艺术家费利克斯·冈萨雷斯。他用糖果做成一个艺术装置，用它来分享自己生命中的一段忧伤——他把对逝去爱人的追忆，放到糖中与你分享。这就是生命的礼物，它真实在场。在我们的生命中，如果你把礼物作为生命性的真正馈赠，你能活得不一样。

"维密秀"时代，哪些真相正被遮蔽？

奚梦瑶该不该被指责？

奚梦瑶在"维密"舞台的历史性一摔当即在社交媒体激起论战，从"心疼、不哭"的安慰到"丢脸、不专业"的讨伐，两种声音瞬间无缝转换，看似吃瓜群众口水战的背后，是什么力量在对抗？

法国社会学家皮埃尔·布尔迪厄曾提出"场域"概念，他指出任何专业评价都基于场域的形成。在场域内，人们建立起各种专业化标准，有一整套严苛的考量。关于奚梦瑶摔倒会产生两种截然相反的观点，正是由于场域内外不同的视角造成的。前者作为普通观众、生活中的个体看待一个女孩的摔倒，而后者把人拉进了场域逻辑，从模特专业性的角度评价此事，所有的同情，忽然就瞬间消失。

布尔迪厄指出，任何场域的核心，都始于一个"幻像"，却足以使一批人围着它转，形成程序化标准，不符合此等标准者就失去了机会。人摔倒本是事故，穿着造型奇特的服装与高跟鞋，很容易摔倒，甚至骨折都有可能，却引来假摔、故意拖延时间等诛心之论，貌似专业的逻辑，折射出的却是荒谬虚伪的结论。当场域自我制造出一个王国后，身处其中的人就被森然有序地划分为三六九等。

当日常生活处处被专业化笼罩，个体性就在消解，代之以量化的标准。人逐渐成为一个被各种标准化数据肢解的"数据流"。传统社会里曾有的温情向度在场域中荡然无存，因为一旦被拉进专业标准，人的同理心随即消失。另一方面，场域中的所有人也会扮演同谋者，他们恨不得你赶紧被淘汰，你不行，后面还有无数排队者等着取而代之，于是每个人都拿着标尺，希望别人不合格。

而生活原貌，本来是各种各样的事故与意外构成的，甚至一个场域最初的开创，都源自意外。

"维多利亚的秘密"是人类文明社会的秘密

"维密"品牌的源起,是其创始人试图创造购买内衣的"私密性"体验。不想如今却变成了最为盛大的秀场。内衣成为全球围观的盛景,私密性成为最大的卖点——事物需要经过私密化,才能变得最具公共性。私密性,从来结构性地和它的反面公共性两极相通。于是,作为公共社会的禁忌,内衣的大规模呈现填补了快感的需求,成为视觉盛宴。

当某些东西成为禁忌,再被反转出来成为公共话题时,会奇迹般地征服人。互联网上许多让人羞于启齿的话题会忽然出现,证实着人的窥私欲,隐私恰恰是要以公共方式来看的东西。于是明星隐私会引爆社交媒体成为全民兴奋点,掌握这一规律的明星文化,有意识地一边压制隐私一边爆料、发酵、抖包袱,占据公共焦点,而民众是最容易受到控制的人群。公众的眼睛永远看向隐私,在这样的"监督社会"中,人最不想被看到的东西没有任何秘密可言,尤其到了数字时代。

一个激进的观点是,衣服除了御寒之外,最重要的作用是制造隐私：穿衣服就是为了被扒掉。人类文明的厉害之处在于绝不透明，要一层层包起来，制造很多秘密。这个不透明的状态使人与人之间更有交往的欲望，人们通过隐私拉近彼此，就像今天的人们再次看到陈冠希，会觉得离他很近，因为你曾参与他的隐私。

弗洛伊德在《文明及其不满》中谈及禁忌和压抑为文明铺设了道路，当不满产生的时候，人想要的更多，压制本身就是为了产生各种欲望。人类文明中的快感是被制造的。在拉康眼中，存在于人体内的真实快感，对于生活在社会中的个体已经陌生，而人们所熟悉的快感，无论生物性上是男是女，被拉康统称为"男性的快感"。"维密秀"正是用最豪华的方式，将"男性的快感"聚集于场内形成狂欢。这种快感来自禁忌，而禁忌来自人类社会中的"父亲"角色，正是这些禁忌将人类社会与动物世界区别开来，获得了动物永远无法达到的文明。从这个角度看，"维多利亚的秘密"就是人类文明社会的秘密。

"幻像秀"的欲望机制

　　欲望来自幻想和想象，"维密"已把这点公之于众：它每年都会推出 Fantasy Bra，将幻像推向极致。幻像对生活中个体彼此接触的感受进行了梦幻加工，就像美图秀秀修饰掉了一切视觉上所能感知的不适。"维密天使"个个都是"完美身材"，完美本身即想象，她们被抹除了普通人体的特质，只留下舞台上的完美形象，甚至"胸部以下全是腿"的夸张呈现。如果把支撑幻像的背景元素全部去掉，突然看到这样一个人，反而可能感到极其不适。她们被打造成一般人不可能达到的形象，唯其不可能，才成为幻像，继而唤起进一步的欲望。

"神圣化"吸引着人的消费欲：女性要买下一个包，男性想拥有下一个伴侣。而当幻想的对象真的进入生活，过不了几天又会觉得不满足。商品在未消费时才值得向往，冲动剁手之后会马上后悔，随之转向下一个目标。买到手的商品就会开始贬值，娶到身边的超模，因为去除了神圣性，就变成了普通的女性。

欲望机制是社会最基本的动力机制，它的积极面是让人因为不满足，持续产生动力。但另一方面，欲望机制已经把当今社会推到所有东西都是虚幻想象的地步，以至于人类已无法承受社会的真实面目。

当人被欲望和幻像的交缠所定义，熟悉了倏忽即逝的吸引以及对下一个幻像的不断渴望，真正的爱反而成了"非人的"。从富二代到普通人，商业逻辑覆盖到社会的各个阶层。当男性只会欣赏"维密"超模的身体，女性只能欣赏偶巴、暖男，家庭问题会变得越来越严重，因为这些幻像中的人物分量越来越重，他们的在场，让你不能容忍身边真实的人。

当人们放弃思考，允许被如此定义，以为这个力量就是自己的所有，就走到了悲哀的时刻。分析的意义在于对这些无意识行为的发生进行反思，使之进入人的意识层面，看到各种力量对自己的拉扯，从而在思想上与之保持距离，检视日常生活中的自己是否真实。唯有跳脱出被幻像捕捉的自己，才能看到其他可能性，理解未被光晕化的伴侣比幻像真实得多，对他或她的情感也会发生变化。欲望机制即锁链，人们以集体性方式进入这种机制，造就了福柯所说的大监狱。思想的力量在于让人与自己的当下状态保持距离并对之进行反思，让人从锁链中挣脱，至少有所选择。

"维密"的产品有平民化的一面，但它让客户明确地知道自己购买的是廉价版，消费者分享到部分快感的同时，每年一度的"维密秀"永远保持着幻像的召唤。深谙商业运作精髓的策划者也通过不发售入场券的内部邀请机制创造一个社会顶端的"共同体",将品牌变成了身份的象征。它永远跟时代最上层的小共同体关联,永远保持光鲜。

"维密"幻像遮蔽了怎样的世界

如今的商品生产,吸收了宗教时代的所有技巧,只是制造神圣化效果的手段更加复杂。秀场的前台和后台是两个世界,模特从后台被推倒前台,恰如物品变成商品的过程,从凌乱到瞬间神圣化,再回到后台,循环往复。高级餐厅的后厨和厅堂也是两个世界,同样的材质在端上桌之前经过了怎样的处理不会被看到,端出来就是色香味俱全,回到后厨的残羹冷炙则被扔进污浊的垃圾筒。一道隔板,隔开了光怪陆离和凌乱污浊,一轮轮转换,盛景的另一面,是如此不堪。齐泽克用"抽水马桶机制"形容人类世界,在抽水马桶的另一端,污浊的尽头,是我们拒绝承认的世界,却真实存在于我们的世界之内。最恐怖的是这两个世界打通的时候,我们有如在照妖镜中看到去掉一切虚饰的真实面孔,有如马桶堵塞上涌,我们忽然发现不应看到的东西从另一边侵入回来。

我们需要有能力看穿隔板,同时看到两个世界,正如看到城乡接合部也是帝都的一部分。当两个世界越来越隔绝,需要思想的力量将其重新打通。

鲍德里亚曾以迪士尼乐园举例。对大众而言,迪士尼这个幻想国度的存在并非告诉你它是幻像,而恰恰是让你感到它边界之外的部分是现实。其实这部分是被幻像制造出的"次级现实",在幻像的作用下变成美好的注脚。当迪士尼乐园让人们确证乐园之外的城市即现实,这一切井然有序之外的、抽水马桶那一端的世界是不会被记起的,真实于是被遮蔽。恰恰是迪士尼、"维密"等最显豁的幻像,才是真正卑污的游戏,它为我们制造生活的幻像,让我们在被遮蔽的世界中安然度日,但是在人类历史的某个时刻,那些被忽略、压制但依然真实存在的部分,总会忽然刺回。

"美"是否自古以来就意味着权力?

当"维密秀"不断打造健康、阳光的女性形象,定义着"优雅自信",这套叙事潜移默化地物化着女性,为人们逐渐接受。女性按这套叙事去打造自己,成为物化自己的合谋者。不需要逼迫,大多数姑娘都拼命挤上这条窄道,挤不进去的，至少也想让自己无限接近这个标准。话语的力量在此彰显，一样的"物化"过程，没有这套话语向度的确立，就引来血泪控诉，反之则成为时代标杆。是什么机制让人看不到女孩子们为了减肥塑形的自我虐待，甚至残忍地不惜对自己动刀削骨，还标榜其为自信和美丽？

当话语能够被一个力量统合的时候，我们的社会已经进入可以物化任何人的时刻。"维密"的叙事是强有力的，尽管虚假到极点，却成了这个时代对美丽自信的认知定义，成为时代最盛大的秀。一个姑娘跌倒，自然还会有更多姑娘涌上来。通过这个"场域"，人对另一个人冷漠、残忍、恶语相向还浑然不觉，哪个模特转身被看到多了一点肉，马上就有人指责"这样还好意思出来"。如果说前现代的妓院里，赤裸裸的奴役无法长久，那么今天这种物化女性的形态将长久得多，因为它不断通过杂志、公号、盛景宣称，这就是当下的美与健康，如果你不长成这样，就是你有问题。对没有批判性思维的大部分人来说，这成了只能接受的"唯一"，不符合这一标准的人生将被黑暗笼罩。女性主义往往在控诉对女性物化的同时，看不到这样的力量，甚至加入这个力量，呼吁女性应该如何打造所谓的健康自信，造成对女性的"二度摧残"。

对形象魅力的膜拜与拜物教如出一辙,受到人们惊呼赞叹的,都是经过最严苛残忍的神圣化加工后产生的东西。当人被聚光灯照到,背后的利益变成巨大的无底洞。所以才有那么多人愿意进来参与时代话语权,而大众听任这种话语的勾引,并对它进行认同与膜拜。当年的宗教膜拜的至少还是一个彼岸形象,具有超越的崇高感,而今天的世界中,平凡的东西经过处理,就可引来惊呼,活人可以成为教主,不需要死后再封神,而被封神的活人不得不压抑自己,来扮演好这个神。"维密天使"在聚光灯下展现的身体,本身就是一个历经摧残的作品,所有的膜拜都是表面性的,膜拜者无法知道他们崇拜的对象经历了怎样魔鬼式的残忍规训,使一个姑娘在摔倒之后还要面带笑容,受伤走不稳了还要被指责不专业。我们的世界就是一个"维密秀"。

今天,美变成一种品位。如果把宅男们拉到一起,选择谁是美女,可能他们的答案高度一致,都指向某几张脸。这绝对不是天性的力量,而是经过了各种扭曲的意识形态编程而产生的标准。在成长过程中,非天性、反自然的力量使我们有了美的概念,我们在不断受到灌输后,认识到自己是美的还是不美的——美变成了一个扭曲性的力量,压迫性的权力。当人们在一件看不懂的艺术品面前随声附和，这个过程同样在发生。只有通过这样的过程，才有审美的趋同。

人们不再能欣赏民国甚至汉唐时期的美，眼中的美趋向高加索人的特征，他们的头身比、脸型、身材标准，成了今天定义美的原型模板。这是一种"审美殖民主义"。韩国给了一种出路，审美的背后是残忍、血淋淋的手术刀。人们自愿冒死让这把刀插到自己身上，却无暇顾及是什么力量让人对自己都如此残忍，让这把刀对自己展开切割。当美形成工业化模式，它就成为窒息性力量。

曾经，话语的统合性还比较弱的时候，自由的空间更大。在康德对审美的描述中，当你被一样东西所吸引，将体验告诉别人，就是努力把个体体验上升为普遍经验，虽可能被反驳，但每个人都有体验美的自由。然而今天这个过程已经被抽空，我们先被武断地告知了一个美的定义，应该如何审美，个人体验的重要性被忽略。若不符合既定的标准，世界不会对你打开大门。我们以为有了大众媒体之后世界会变得更多元，恰恰相反，鲍德里亚说这个时代最大的恶就是媒体，它在扮演一个单向灌输的角色，你不加入合唱，就没有关注度。

当批判性视野介入，会有人反问，"为什么我们只会欣赏一种美，为什么成功就这一条窄道？"生存于当下总有一套规训扑面而来，如果毫无抵抗，任凭席卷，我们对自己还剩下几分善意？在审美的时代，反而要强调艺术——审美是衡量品位，而艺术是创造，从无到有，独一无二。如尼采所言，把自己像一个艺术品一样去创造，这种创造，或许是我们和时代最有力的互动。

谁是魏则西？

魏则西事件，首先使我注意到"信任"（trust）问题：要知道，并不仅仅是魏则西的父母容易轻信，身为大学生的魏则西本人也那么容易就轻信了。弗朗西斯·福山把中国看作是"低信任"（low trust）社会的典范，所言非虚，因为一个普遍"低信任"的社会，反而容易出现"盲信任"（blind trust）的局面，正如一个虚无主义的社会恰恰会滋生绝对主义一样。当代中国普遍存在信任缺失（谁讲都不信），社会中陌生人之间时刻提防（这份提防现在已经扩展到熟人乃至亲人间），但恰恰在这种氛围中最容易出现"超级权威"：百度对于新一代，央视对于老一代，两者上下夹击，使整个社会陷于盲信中。正是在此种社会装置（social apparatus）里，"伪知识"不断被制成"真理"。

我想提的第二点，也是更重要的一点，是关于百度在该事件中所扮演的角色。作为事件的"当事人"之一,百度的市值在事件发生后的一段时间内蒸发得很快。我想说,在既有的理解框架——即,市场社会之下,百度既冤枉也不冤枉。我最近在微信上看到李彦宏的一封道歉信。他很聪明,意识到如果任由事件自行发酵,百度真的可能会变成一个牺牲品,所以必须进行危机公关。然而,这份道歉信真的属于"不是道歉的道歉",基本上没有道歉的诚意,因为他强调各大网络公司都一样,并不是百度商业模式"竞价排名"有问题。确实,我们也知道,搜狗搜索等采用的也是这个模式,甚至连高德地图实际上也内嵌这种"商业模式",会把你导航到它收过钱的地点上。

不过我觉得这个"不是道歉的道歉"很有价值:李彦宏认为百度商业模式没有根本性的问题,全世界搜索引擎的商业模式都是一样的。恰恰在这一点上,我认为百度被推到舆论的风口浪尖成为主要当事人,既冤枉也不冤枉:不冤枉是因为它确实扮演了那么恶心的角色,把搜索者"导航"到它收过钱的莆田系医院;冤枉的是,在既有的全球资本主义框架中它没有选择,必须不断赢利,不然就会被资本抛弃,被金融市场抛弃。李彦宏的"道歉"里面说得很现实:公司上市后,如果赢利没有达到华尔街的预期,

未来的焦虑

就会被它无情抛弃，包括下调评级、恶意做空，甚至被直接拆开卖掉。故此，如果我们在这个既有框架下来看百度，将之看成市场社会里面的一个玩家，那它并没有很多空间"不作恶"（如果我们把竞价排名这个商业模式界定为"恶"），它不玩它就死了，也就没有百度了。

我们现在常拿百度和谷歌来比较，说谷歌在挑战智慧上限，百度在挑战道德下限。但问题是：尽管"挑战"方向确实不同，但道德意识比百度显然高很多的谷歌，根本上仍同样受华尔街的控制，一旦真正面临市场的"生存危机"时，它恐怕也不能继续去挑战智慧上限了。此处我旨在提出：大公司作为市场玩家，其逐利行为，始终具有"看不见的恐怖后果"，我们不能轻信其公共宣传包装出来的形象（即哲学上说的"表像"、"re-presentation"），包括谷歌自称或自诩的"不作恶"。对于百度而言，本来那些"看不见的后果"，只是因为"知乎"上的"魏则西"而突然变得（部分）可见，以至于它不得不急着危机公关。但是这个问题绝不只是百度有，那些事绝对不只是百度在做（甚至有比这更恶心的事，只是并未让我们"看到"）——很不幸的是李彦宏这点还是说了实话。我们现在讲的危机公关，最早就是从大洋彼岸的商业巨鳄那里学来的，包括抹黑记者、转移舆论，等等。很多好莱坞电影、美剧，都拍了这样的故事，记者要去揭露大企业的内幕、让商业巨头所作所为之后果"可见"，然而不得不面对人身危险，权力、政客都帮着资本说话……故此，包括谷歌在内的那些被认为在探索人类智慧极限的高科技巨头公司有没有干恶心的事，我们只能说"没看见"，而已。故此，并不是说"百度和谷歌之别"就不重要，但今天仅仅把这个分别上升到至高，本身就是问题：在全球资本主义框架中，从谷歌、苹果、脸书"下降"到百度、搜狗、高德的通道一直就很通畅。

我们被裹挟在巨大的全球资本主义市场里面，真的可以通过多一点"理性选择"、学会识别"伪知识"，来避免下一起魏则西事件吗？真的那么容易去操作吗？那种思路，实际上是把"政治经济学问题"转移成了"认识论问题"。试问，谁来区分"伪知识"？百度这样的商业公司是否要承担区分"知识"和"伪知识"的责任呢？若是我们的讨论仅仅集中于百度要承担多大的责任上，我个人觉得是不够满意的。

问题恰恰在于，从当下既有的理解框架——市场社会及其法律制度作为整体性框架——里面展开讨论，很难再

未来的焦虑

往下深入：你可以说百度必须多承担一点道德责任、社会责任，你现在是那么巨大的公司，要有社会担当，等等；但你也可以说百度只是一个商业公司，不是政府的一部分，它只要（消极地）不犯法就行，不需要（积极地）承担各种公共责任……两种说法，构成了一个话语死局，这个死局实际上对应自由民主框架下左翼话语与右翼话语多少年来彼此攻讦的意识形态死局。

我觉得"责任"并不是我们拿来做分析的有效范畴，比如说，李彦宏的道德意识达到了跟谷歌一样的高度，问题就解决了……用精神分析术语说，这，才是一个最纯粹的幻想！今天政治哲学里存在一个"保守主义-自由主义-后现代主义共识"，那就是，承认今天社会里确实有很多问题，没有人要否定这些问题，但与此同时预设，通过在既有框架——自由民主市场社会——里进行一些小的"修补"，比如要求市场内大行动者承担更多责任、发展出更好的追责机制、更好地规范网络商业行为以及各种细节局部博弈……各种问题随之被解决，魏则西这样的事件就会彻底消失。

而今天齐泽克、巴迪欧等激进政治哲学家的激进之处就在于，他们强调在既有框架里彻底解决死局是不可能的。

问题就出在这个框架上——正是在这个框架里面，我们把各种根本性的僵局看成可以通过"修补"解决的小问题。所以，真正要去做的，就是改变当下这个"认知框架"本身，使得全球资本主义框架不被视作讨论问题的前提性框架。"后现代左翼"正是在这一点上和保守主义没多大实质性差别，他们拒绝去思考改变框架这样的"宏大叙事"，转而强调我们只能在既有的框架里面做一些区域性的斗争，比方说少数族群斗争、同性恋斗争、医疗改革斗争，等等。今天的百度恰恰让我们看到，这样的"修补"是无效的：百度因魏则西事件被推到风口浪尖，很多人认为它有罪，但是百度的罪多大程度上仅仅是它的罪？仅仅是李彦宏道德意识不够、社会责任感不强？换个方式来问，我们离李彦宏有多远？作为市场上的"理性经济人"，我们是否每天也在做同样性质的事，只是后果没那么重或靶子没有那么大，甚至仅仅是没有被"看见"而已？我 2018 年 2 月发表在《探索与争鸣》上的文章，便正是强调我们需要通过批判性的分析与进一步的理论创新去改变这个框架本身，这就是今天政治哲学的首要任务。

改革中的当代中国，越来越深地卷入全球资本主义框架内。原来我们或许在期待，在原先的平等主义承诺里再引入一些自由主义的要素，集合两者之精华。而现在两种结构里的问题却都开始在现实生活中频繁刺出，比如原来体制内的弥散性腐败与市场社会中的弥散性"作恶"（三鹿奶粉事件到晚近的疫苗事件、魏则西事件……）。西方资本主义秩序里面的很多问题，它们的爆发时常被各种小的"修补"工作所抑制或延缓，然而这些问题在处于改革深水区的中国反而更集中地爆发出来，魏则西事件只是其中之一。这诚然是坏消息，但我想强调，辩证法最精彩的地方就是能让我们看到，坏消息同时亦是好消息，是 good news in disguise：魏则西事件毫无遮掩地让我们遭遇到资本主义系统本身的结构性困境，这给了我们反思的契机与制度创新的契机。华东师范大学政治学系现在有一个外国研究生项目，在课堂上，我对那些来自美国、欧洲、澳大利亚的学生说，今天到中国来学习政治理论是来对了，你们那里有的各种理论学派和各种现实问题在这里都有，你们那里被压下去的理论和被压下去的问题在这里也都能遭遇……所以说这起具有创痛性的魏则西事件，反过来为改革进程中的中国提供了进一步反思理论-制度创新的可贵契机。

接着我想再回应另一个观点。有学者认为，我们在魏则西事件中所遭遇的并非网络之罪，而是人性之罪，是阿伦特所说的"平庸的恶"。而我觉得,网络确实造成了一些新的挑战。十多年前政治学界就已经有大讨论,认为网络带来了民主的新的可能性。但这十多年来我们看到网络把民主之内在困境也作了极致展示:"杂众"的口水压倒一切、"数量"压倒一切。并且,网络恰恰也把"平庸的恶"推到极致:跟官僚制一样,网民也是隐形的,可以不负责任,他们甚至比官僚更积极——官僚是消极的,作为命令执行者而行动;而网民是主动的、积极的,作为匿名隐身人而行动。正是网络,使得"水军"得以出现,这是一种全新的"平庸的恶"。不要以为雇佣"水军"只是政企大佬们在做的事,如今生活中许许多多人都在这样做,在"网络民主"中,"公论"、"尺度"皆被化解——我们看到,连现在评选学者也都找人"网上投票",微信、微博里到处有人拉票,"投票"时谁管哪位学问真正好……而学术本来应是最有可能保留"公论"的地方,现在却也被"杂众"与"水军"的口水淹没。

有了网络,我们很容易直接面对纷至沓来的"事件",我们要区分真正的事件(event)和"非事件"(仅仅是一股网络热潮)。许多网上"病毒式"疯传、社交媒体上"现象级"(phenomenal)的热点,并不意味着它们是事件——

未来的焦虑

很多热点，实际背后都有"水军"推手。故此，学者要去做的，除了区分事件与非事件，还要通过我们介入性的讨论，进一步把非事件转变成真正的事件。

今天我们讨论的话题"魏则西事件"，当然是个事件，而且是个很沉重的事件：此前积累的诸多医患矛盾，在这个事件点上集中爆发了出来。但我有一个担心，现在网络以其病毒式的传播速度制造无穷无尽的"热点"，真正的事件也会很快被淹没。其实魏则西事件的影响没过几天就已经在消退，即使一时间有那么多人关注，但"兴奋点"很快就会过去，会被其他"热点"事件所掩盖。学者的责任，就是要让真正的事件别过快地被忘却；我们肩上的伦理-政治责任之一，就是去抵御网络时代的"事件的去事件化"。

法国哲学家阿兰·巴迪欧说过，忠诚于事件，是一个伦理责任，在这之前你只是一个人，并不是一个主体，正是通过对于事件的忠诚，你成为了主体。儒家也是这样，你不是直接成为主体（"大人"），而是通过伦理-政治实践去成为大人。儒家当然有陌生人伦理指向，你要真正成为大人，就要从修齐到治平，就要家事国事天下事，事事关心。对于儒者来说，每个当下社会都"道之不行"、去古已远，所以每个人都有伦理-政治责任，孟子说"如欲平治天下舍我其谁也",这些事件都是和你相关的,你有责任参与其中。

前面谈到作为分析性范畴的"责任"的有效性边界,正是因为今天关于"人"的缺省定义是"理性经济人"(趋利避害、追逐自身利益最大化的市场玩家)。对事件的介入与忠诚、对既有"认知框架"的激进改变,这个主体必然无法落在那些理性经济人上。我们作为学者(以及儒者),须要有伦理-政治上那份"舍我其谁"的承担——"责任"此时并非是一个分析性范畴(康德第一批判之域),而是一个伦理-政治层面上的实践性范畴(康德第二批判之域)。

作为学者/儒者,对于事件的关心、对于事件的忠诚,首先就体现在用阐释来介入事件。从某种意义上说,事件的阐释,比事件的发生更重要,这就是齐泽克为什么说"9·12"比"9·11"还重要,因为"9·12"决定"9·11"是一个什么样的事件,或者是否成其为事件。事件甚至可能在它有机会被表述之前就被忘记,这是德里达、利奥塔到巴迪欧、齐泽克这些思想家在反复提醒我们的状况。为此,我们有责任对事件不断进行叙说。一个生命结束了,人们忘却的速度真的很快,若干年后还有人会问"谁是魏则西"吗?

是以,我们今天不能沉默!

哲学，是一种生活方式

PHILOSOPHY IS A LIFESTYLE

你是真正的利己主义者吗

——如何激活你的日常生活?

2017年我出了本新书,叫做《激活你的日常:吃喝玩乐的哲学视野》。先说一下本书的创作缘起。一谈到哲学,大家就觉得离现实生活很遥远。很多朋友会问:"哲学到底有什么用处?它到底与我们的生活有什么关系?我从来没有读过哲学,不一样过得很开心?"那么我们首先来聊聊,如何去理解哲学以及人文学科。

其实对于"学问",或者说知识形态,我们有两种理解方式。一种是在某条已有的知识脉络、知识系统里面展开研究,阐释或发展该系统下已有的术语和概念。这样的著述很难读,因为它入门的起点很高,如果读者没有相关的知识储备,会觉得离自己的生活太遥远。

但人文学科其实还具有一种更为原初的知识形态,直接跟日常生活问题息息相关。我们知道，学问也有它原初的时刻，从这个时刻往前看，不存在后世学者就各种问题的层层叠叠的阐述。我们只要去想想学问最开始的时候，比如古希腊的苏格拉底、柏拉图等开端式的哲学家，还有中国的孔子、老子，等等。他们面对的就是各种生活里的直接问题，而不是关于这些问题的学术话语。你今天所读的《论语》，在当年就是一本最简单的语录，就是生活中的直接交谈。读柏拉图的《对话录》，也是如此。所以实际上，很多最精彩的学问，首先就是从吃喝玩乐、从生活中最直接最日常的那个点开始的。

我希望通过这样一本书，给大家打开一个窗口，重新感受学问的魅力，所以我的书名标题叫"激活你的日常"。通过一些很精彩的哲学性的思考，重新把日常生活打开——同样在吃喝，但是你获得了一种关于日常生活的思考。在我看来，这就践行了当年苏格拉底所说的"哲学式生活"。苏格拉底说"哲学就是一种生活形态"，它绝对不是一门专学，不同于如今的现代学科的定义。你到大学去有哲学系、经济学系、社会学系、数学系，等等，在当年绝对没有这么精细的学科区分，而是看重你有没有对自己每天在做的事情有疏离性的思考，或者展开苏格拉底所说的"辩证性的思考",抑或对话性、批判性思考。

进入这个话题前,我们先把已有的思想家放在一边,把直接的学科性进路放在旁边,就从生活性的进路去思考与当下吃喝玩乐最密切的有趣话题。

首先,关于"哲学视野",它能帮助我们做到什么最根本的事情呢?我称之为"de-familiarization","陌生化"。其实哲学思考的关键,就是使得我们非常熟悉的日常生活,重新变得不那么熟悉,有一点陌生感,这种陌生感就是思考的起点。我们先说吃喝吧,这是生活中最平常的事情,有什么可多讨论的?它有什么哲学性的视野可以说?其实吃喝有两个层面。一个是生物性层面,吃喝是本能,否则没法生存。

但是,今天我们说到吃喝的时候,真的仅仅基于这个层面吗?如今有个专有名词叫"吃货",这个词,如果我们有一定的能力将其"陌生化",就会产生疑问:为什么会有人对吃那么感兴趣,甚至到了"吃货"的程度?今天你打开朋友圈,许多朋友都会展示自己吃饭的图片——吃,本身变成一个大事情,而不只是生存需求,吃喝变成了在生活中占比很重的追求。

我们再举一个身为吃货肯定很熟悉的名字,"人广双雄"。人民广场有两条奇异的长队,排队的人都是要买"喜茶"饮料或"鲍师傅"点心的。据说要买到得排四五个小时。我们就要问,这个意义上的吃喝,意味着什么?你为什么会愿意花生命中的四五个小时去买一杯饮料?如果我们对此做一个陌生化处理,就会发觉这是一个值得思考的问题。我们一方面都知道如今上海的都市青年都在说"压力山大",每天下了班还要加班,时间那么少,却愿意在周末花四五个小时买一杯茶,背后是什么力量推动他们去做这件事?这个力量绝对不简单,如果我们不去思考它,浑浑噩噩,就只是在"活"。但如果你有能力通过思考,愿意把自己的日常生活用哲学性的方式打开,就会对这一力量产生追问。

我们会发现,吃喝问题有两个层面。一个是"需要"(need),是生物性的。但另外还有一个概念叫"欲望"(desire)。通过哲学,我们可以区分"need"跟"desire",它帮助我们获得了一个思考点:当我对某个东西产生欲望的时候,它跟我需要某个东西,完全是两码事。当你买一杯喜茶的时候,可能嘴巴根本不干,你可能包里面放了两瓶矿泉水,但你却对喜茶产生了欲望,这个绝对不是自然的事情。

由此，我们看到了，即使在最为自然的"吃喝"问题上，也有完全不自然的层面，会有一股奇异的力量，推动你变成一个"吃货"，使你对本来没有感觉的东西产生欲望。我相信在排队的时候很多人不知道喜茶是什么味道，但是他喝完以后，你去问他，他肯定会说："很好喝，很好喝。"为什么？因为它有一个加成：当你花了五个小时排队之后，再去品这杯茶，就不是一个单纯的味觉问题了。你在品一件花了极大的时间成本去做的事情，所以品到的味道跟作为生物的味觉体验是不一样的。

我经常让我在纽约大学的学生做一个思考练习。我首先会问他们：有多少人抽过烟？有多少人喝过伏特加？很多人举手。随后让他们回到一个起点：你在抽第一口烟、喝第一口酒的时候是什么感觉？得到的答案非常有意思。大家普遍回忆，第一次抽烟喝酒的时候，都难受得要命，觉得人会迷恋这些东西简直匪夷所思。但是隔了五六年，很多人就变成了烟鬼和酒鬼，酗酒在国外是个大问题。你再去问他，他会给你完全不同的答案，会真心觉得酒很好喝、抽烟很舒服，每隔一段时间就会有种欲望，在抽烟喝酒上面控制不住。今天我们上海已经全面禁烟了，只要有屋顶的地方就不能抽烟，我看有很多朋友真的受不了，他们有种很奇怪的欲念，就想要抽烟。我们是否该想想，从第一次抽烟喝酒时觉得难受到后来上了瘾，这两个点之间发生了什么。这巨大的欲望来自何处？

答案已经呼之欲出，通过一番思考我们得出结论：欲望不是自然的，有一台看不见的机器在制造你的欲望。Desire is created，欲望是被创造出来的，有一个机制，能让欲望在不需要你喜欢它的情况下，完全将你俘获。

这个"欲望"是怎么出来的？我们再引入一个概念：幻想（fantasy）。这个概念我们也觉得很日常，每个人都会幻想，这有什么了不得？非常了不得！幻想仿佛一个看不见的加工厂，制造出了欲望。

什么叫幻想？还是举刚刚用过的例子。当你抽烟喝酒的时候，你的快感绝对不是来自味蕾，其实身体的感受并不舒服，那你为什么会继续抽第二口，乃至后来身体感觉到了快乐？就是因为幻想。我们可以回忆一下，你去喝第一口烈酒或者抽第一根烟的举动，绝对不是一个简简单单的行为，肯定旁边会有个学长，给了你烟酒。你如获至宝，心想：那么多人喜欢的东西，父母和老师却不让我沾，还得通过各种渠道的努力才能获取。于是抽烟喝酒的快感就来自于，自己做了一件这个社会现在不允许你做的事情，并让你幻想那么多的人在做这件事时是多么的快乐。

我第一次喝可乐时,第一口也觉得并不好喝,但是我有一种幻想:美国人的生活是最舒服享受的,美国青年都喝可乐,那喝可乐肯定是舒服享受的。我觉得不舒服,那是我的问题。所以我绝对会喝第二口,就为了迎合美国式的生活,它当年在很多中国人的幻想中,是非常具有吸引力的。那种快感是通过幻想虚拟出来的。从这个意义上说,如果真的去探究我们生活中的快乐,大多是可以被拆穿的,都是虚假的快感,这也就是我们广告学的终极秘密。

广告学有什么终极秘密?就举一个很简单的例子。你为什么想吃冰淇淋?夏天快到的时候,到处都是美女明星在吃冰淇淋的巨大广告牌。你看到这个漂亮明星陶醉的神态表情,你"本能"地就想吃,能让我的偶像那么陶醉的东西肯定很好吃。所以广告公司要花血本找明星代言。因而最后你吃冰激凌时,已经有了一个加成,真的觉得蛮好吃的。这就是"吃喝"上的一个哲学问题:好吃的味道,是通过幻想加成的。

谈了吃喝之后,我们再来谈谈另一个跟日常生活密切相关的"颜值"问题。如果让大家列举女生"颜值"高要具备哪些标准,相信你们给出的答案会差不多。如今大家接受的美的标准，都是大眼睛、锥子脸、曲线窈窕的身材，等等。但我不相信如今全国各地的男性审美品位会如出一辙，喜欢同一种特定的女性外表。于是我们要追问，是什么样的机制，使得我们会一致认为某个女明星很好看？这个机制就是欲望。欲望绝对不是自然的，欲望是被制造出来的。所以说，当大家谈论某个公众女性如何好看的时候，其实恰恰应该谈一谈，你们为什么会跟另外一批素不相识的人一同对她产生欲望，而其他普通女生却没有这种能力。

我们再把陌生化的思考推得远一点。如今有股"民国热"，看看我们大家公认的民国美女，比如林徽因、陆小曼。她们的长相，按照我们今天的标准，能算美女吗？陆小曼有一张圆圆的脸，放到今天崇尚瓜子脸、锥子脸的时代，我相信陆小曼会很伤心。看看民国时代的女性照片，绝对没有今天大家所说的"前凸后翘"的身材，跟今天的美女是完全不同的。

于是这里我要引申出一个"审美的殖民化"的概念。只要你愿意再深入思考一步，就会发现我们之所以形成今天的审美品位，是被拉到了一条无形的加工流水线上。我们今天欣赏的女性美，完全按照高加索人种的特征为范本，高加索人就是白人女性，比较容易有锥子脸和丰满身材。

而从生物学意义上看，我们蒙古人种的脸都是偏圆的，鼻梁没那么挺，身材较为扁平。但可悲之处就在于，我们被拉上了一条在日常生活中时刻在场、对我们产生了剧烈影响的审美流水线后，只认这一种美了。这导致了很悲惨的结局。比如韩国的整容业为什么如此发达？因为女生没有办法长成高加索人种的样子，最后只能去开刀，让自己的容貌接近那个美的标准。就像如今的"网红美"，几乎是一个模子里刻出来的，都长得差不多。而为了塑造网红脸，整容过程其实非常血腥，切割骨头、填充身体——这就是我们当下的日常生活，充满了看不见的暴力，甚至我们自愿接受这样的暴力。人为什么对自己都能那么残忍？因为我们身处的社会就是一台残忍的机器。

我举一个自己学生的例子。她上我的课经常坐第一排。到大四要毕业的时候找我指导毕业论文，我却突然认不出她了，觉得她简直变了一个人。因为她做了一个整容手术，确实"好看"很多。我当时就直接问她，"你听过我的课，怎么还会去整容？"她回答我："老师，我知道您课上跟我们分析过欲望的辩证法。但是我才二十多岁，很希望在大学里找到一份爱情。都说'拐角遇到爱'，我在丽娃河旁不知道拐了多少弯，所有角落都拐过了，却连爱情的踪影都没遇到。"但是她接着又说,"我去做了整容手术变成锥子脸后,以前根本看都不看我的男生,现在屁颠屁颠地向我献殷勤。以前他们的眼神永远不会聚焦在我身上,但是在我整容之后,我就变成他们生活中的焦点,我的生活完全不一样了。"她最后说,"老师你理解我吧,这就是我的生活,为了另一种完全不一样的生活,我愿意付出代价。"一个学习了批判性思考的学生,最后却仍然选择了向"现实"低头,足可见要挣脱后者的捕捉是如何之难!

所以说,我们的日常生活真没有那么简单:吃喝玩乐,各种审美品位,各种快感,背后都有一个看不见的机制。如果我们不去思考它,那么只是在生存而非生活。苏格拉底有一句很多人觉得极具侮辱性的话,这样生活,你就跟"一只快乐的猪"没有什么区别。但是当你进行了哲学思考后,就与日常生活产生了"疏离"。这样,你既在生活里面,又在生活外面,不断地在生活中考察生活本身。我们就从那些最简单的问题开始:你怎么会跟旁人一样,只喜欢一种女生?什么力量,使得你只会欣赏这一种美?

现在的女生很习惯被人称作"美女",但是你有没有想过,你是从哪一刻开始认为自己是美女的?其实,一开始你也不知道自己是美女,是别人告诉你"你是一个很好看的女孩"之后你才发现，哦，原来我长得跟李冰冰或者范冰冰蛮像的，因为她们很漂亮、是明星，所以按逻辑推论我肯定也很漂亮。如果换一个时代，别人告诉你"你不是美女"，你就会认为自己不美了。看看唐代留下来的画，当时的审美标准跟今天又有天壤之别。这令我们不得不去思考，我们身处的时代中那些不证自明的美味和高颜值，真的值得你不惜一切代价去获得吗？如果通过你的思考，日常生活背后那个为你制造快感的无形机制浮现了出来，那你就能更深层次地掌控自己的生活。因为你通过思考，获得了生活的主动权。有了生活的主动权，你才能进行真正的自由选择。

在你看清欲望的机制之前，自由选择只是一句空话。你凭什么自由选择？你有的只是在可口可乐还是王老吉、五粮液还是茅台之间的选择，是通过商业化的制造和广告业的熏染后放置到你面前的选项。在这些选项面前你没有任何自由的成分，而是被迫选择（the forced choice）。真正的自由选择，是你通过自己的思想努力，经历了思想的旅程（intellectual journey）后获得的自由。它是"穿透幻想之后的自由"。具备这种自由后，广告会失去对你的掌控，没法搅拌你的欲望幻想，而你对自己的掌控力会越来越强。

你会选择自己喜欢的事物，而非广告告诉你应该吃什么，应该追求怎样的女孩。

有了自由选择，你才会真正懂得爱。爱情绝对不同于欲望。没有进行过思考，你都不配使用"爱"这个词，因为你不知道它意味着什么。如果你只是按照别人告诉你的标准去追求女孩子，你可以摸着良心说你爱她吗？绝对不行，你只是一个制造欲望的机器生产出来的可怜虫，你只会追逐同一个标准"塑造"出来的女孩，然后自欺欺人地告诉自己以及对方你爱她。

所以生活绝对不是自然地在你的生命面前打开，而是要通过你的智性的努力，通过你思想的力量，一步步去抓牢它。再回到我的新书《激活你的日常》上来。日常生活是一场战斗，一场你跟无形的巨大力量的战斗。这场战斗不可能一劳永逸地获得胜利，只要你还在呼吸，这场战斗就会持续，除非你自己放弃。而你放弃的标志，就是不再思考，任由那无形的力量支配你的人生轨迹，循规蹈矩、遵循日复一日的生活。每天的日子过得很快，大家都很忙碌，你只有自己争取时间阅读、思考，才能有所跳脱：原来我的生活可以不必像被教导的那样，而是可以按照自己的方式去进行，从而对自己的生活产生真正的关护。

今天很多人会抱怨，说我们正处于一个利己主义的时代。我不想讨论利己到底好不好，我只想问：你真的利己吗？如果你真的利己，首先就会思考一个问题：如何生活？一辈子很快，该怎么去把它真正抓在自己手里呢？如果你在很年轻的时候就通过各种努力，与日常生活建立起疏离性的、判断性的关系，就能对生活产生真正的关照，这才是真正的利己。你对自己的生活都不闻不问，对生活中支配你的力量一无所知，那就如一个提线木偶，凡事皆被编了程，到点上班，到年纪结婚生子，连自己所谓的快感，也是一台机制复杂的无形机器替你制造的，你还敢说这是"你的"人生吗？

所以我要写一本叫做《激活你的日常：吃喝玩乐的哲学思考》的书，里面会讨论这样的问题：当你看电影，玩"桌游"，吃鸡翅，喝咖啡的时候，其实都有学问可做。我们不要把研究哲学，跟你过日子，看成两码事。并非只有去图书馆正襟危坐地啃哲学巨著才叫做学问。当你惊讶的时候，当你享受的时候，甚至当你看电影流眼泪的时候，你都可以暂停一下，问问自己此刻为何会产生这样的感受。任何事情是不是自然而然的，不要将其认作理所当然。

我记得2010年有一个电影，叫《盗梦空间》。其中有一个对生活非常恰当的比喻。电影中告诉我们，其实你的很多念头是造梦者（dream workers）用很复杂的技术，侵入到你的脑子或是深层次的梦境中，把理念种植进去的。等你醒来后，就以为是自己发自内心的想法。如果看完这个电影，你做出进一步的思考，就会发现电影提出的这种可能性是非常恐怖的。

我一直说，好的科幻电影，永远不是关于未来的，而就是关于你的当下。《盗梦空间》就是这样一部直刺当下生活的好电影。看完之后你可以停下来向自己提问，我的那些理念、念头，真的是自由的吗？还是有某个很大的团队在对你植入各种各样的想法？甚至不是你睡着的时候，而是你醒着的时候，当你看到广告中或是朋友圈中有人发了蒂凡尼钻戒或是LV手袋的照片时，你已经被裹挟其中。你真的愿意花七八万去买一个包？况且那个包从设计的角度都谈不上美感，也并不实用。但是当你拿着这个包出去，会想尽办法让别人看到"LV"的标签，并在他人的艳羡神情中获得无比的快感……

在生活中我所期待的，就是"激活你的日常"，就是去找寻那些带给你满足感的时刻，探究后面的机制。我可以向你承诺，哲学探究会带给你另外一种快感——思想的快感。

当你在思考的时候,你的生命力不断地丰满。原本提线木偶般的人生,获得了抗争的力量,通过哲学思考,你逐渐成长为巨人,不再是傀儡。只要你读过书,抗争的力量就会一直存在,帮助你掌控自己的生活,拓展自身的未知边界,拒绝被牵着鼻子走。你要经常问问自己,到底想要什么。渐渐地你会获得自主的判断力量,而不是通过电视剧、广告或是他人之口,告诉你哪些男生是暖男,哪些产品是好东西。

在精神分析学中有一个基本命题:"自我"通过外部方式制造出来,如果不通过思想的努力,你对自己是陌生的。自己是一个巨大的"建筑",身体是一个寄居在你躯壳里的"异形",你真正的自己是不透明的,不知道被压制到什么地方去了。到时通过思想的力量,你能把真正的自己挖掘出来,一步步牢牢掌控它。你会开始了解自己,对自身发生兴趣。生命之所以具有无限的可能性,就是因为你对自己永远怀着好奇的探寻。

最后我想提自己很喜欢的一位哲学家,德勒兹。如今我们会说"虚拟现实",就是游戏中比"现实"低一个层级的、仿真的模拟"现实"。但德勒兹关于这组关系的说法是倒过来的。他说,"虚拟"比"现实"更真实。为什么？德勒兹说,你的"现实"生活是被编程好的,没有悬念,你肯定知道明天该做什么事情,有的人甚至日程表排到了下个月或是明年。但是,你的生活中有各种各样的"虚拟"(virtualities),你的"现实"生活只是无穷的生活可能中被实现了的一种而已。这里可以沿用经济学上的一个词叫"机会成本"。当你做某件事的时候,实际上付出了巨大的看不见的成本——你过其他生活、成为其他人的可能性。当你选择做这件事、成为这样的人时,其实对自己做了一个很残忍的手术,把自己其他的各种生命可能给切除了。德勒兹举了一个例子。我们能观看这个世界是因为有光,如果一片黑暗,那我们就什么都看不见。但我们都知道,肉眼只能看到光谱上某个特定波段内的光,其他波长的光,我们熟视无睹。充满了各种虚拟的可能性的生活,就好比一个完整的光谱,现实就好比可见光,其实在可见光之外,还有大量的光线,它们同样存在于我们的世界,我们只是看不见。所以,世界比我们的现实生活要丰富得多,但若你没有思想的武器,"生活"就会非常有限,局限于排队五小时喝一杯喜茶的快乐。你的快乐真的就这么一点点吗？如果你想对自己的生命真正负责,就不会满足于"我的生活就只有这么一点点"!

生命是一条单行道,逝去的时间不可能再回头。如果你是真正的利己主义者,就不要轻易让时间溜走。人并不会随着老去必然获得智慧。马尔库塞就指出,那些"单向度"的人,只是虚耗时日,徒然变老而已。但还有一些人,生活就十分丰富。他们不轻易放过每一天、每一个瞬间,让生命变得富有张力。人为什么要活得像一台周而复始的机器?为什么不能每天创造新的精彩?待到年老,他能拥有非常精彩的"吃喝玩乐的哲学视野",这才是真正的利己主义者,才是生命的赢家。生命的赢家赢得的不仅仅是财富,生活中还有好多面向,值得人去探索。你不去探索,它们对于你就好比可见光谱之外的光线,虽然存在于你的生命中,你却没有能力让它们在场。

所以我写了这本《激活你的日常》,希望它能激发你追寻一种新的生活方式,按照苏格拉底的说法,把哲学变成一种生活方式(Philosophy as a life-style)。

爱情和革命之后，我们该做什么？

——"搜狐文化"专访吴冠军教授

左翼是对当下现实的一种持续批判

搜狐文化：在中国，左翼或者说左派总是与官方意识形态联系在一起，这种联系是否符合左翼本质上的诉求？或者说，界定左翼的关键标准是什么？

吴冠军：这里确实存在一个很有意思的接口不同。国内思想环境对左翼附加了太多历史性理解，或者说比较偏政治性的理解。但我个人认为，"左"这个词，在每个时代定义都会不一样。比方说一百年前很激进的"左"的主张，放到今天可能根本不会被置于"左"这个标签下，因为此类主张已经实现了。比如种族平等当年是极其激进的左翼诉求，但到今天你不这么说，就是政治不正确。汪晖说过一句话：当年的左翼，随时代的变化，可能就不那么左翼了，甚至变成了保守的卫道士。我是认同这个说法的。

所以我觉得，对"左"更好的理解，是将它看成一种态度。这种理解来自福柯，他认为不要把启蒙变成一串具有实定内容的清单，达到这个和那个就是启蒙，启蒙应该是一种永恒的、批判性的态度，它跟当下的我们发生的是态度性而非内容性的关系。这点很重要，我们每个学者，不管你做社会学、政治学还是文化人类学，你跟当下的关系将定义你是怎么样的学者。

有一类学者认为当下现实是所有可能世界里最好的世界，或者说是最不坏的世界，再出现任何一种建制，都会比现在坏。那我们认为这就是右翼的态度。而左翼的态度是，你不管在哪个秩序里面，都不可能正当地宣称，这就是最坏的制度或者历史的终结。你怎么知道它最不坏，你怎么知道我们人类就只能取得这些成果？你怎么知道这是"历史终点"而不会再出现进一步的辩证性否定？我们只能从历史的角度来说，今天已经比曾经要好很多，当采取某种规范性立场后，我们确实可以这样说，可以做出好与坏的比较，但是我们怎么能说今天的秩序没办法变得更好呢？

这种对当下现实作持续批判的态度，我觉得是定义左翼最好的方式。

当下中国，许多左派恰恰是极右的

搜狐文化：在中国，"左""右"的对话或争论在十九世纪八十年代掀起高潮，但现在已经基本无效了。你怎么看待与"左"相对的"右"以及两者之间的争论？

吴冠军：现代世界格局中，我们都面对一个无从逃避的全球资本主义秩序，这个秩序使得我们两眼茫茫，看不到任何冲破它的出路。但如果中国能通过制度实践，提供出其他冲破的可能性，从而打破全球资本主义秩序的垄断，当然很值得去做。我在自己的研究中，就试图在当下时代状况里激活思想史上过去的理念，不只是古典的，也包括二十世纪的。通过重新阐释，使得这些理念变成不只是"我们"自己的区域性理念，而是在规范性政治理论层面上也很有意思的东西，成为可被普遍化（universalizable）的理念——不是直接普遍，而是具有普遍化之潜力。这就是阿甘本最精彩的观点，潜力比现实更具本体论尊严。但是一些讨论"中国模式"的作者张口就说，凡是中国的就是好的，直接把话说满。在国际学界没有人会认真对待此类"学者"的作品。

任何"最好"，都是右翼话语。这种话语，恰恰把中国进一步发展的空间给提前封闭了。我不赞同此类话语，因为这类话语只肯定现实而不重视潜在的可能性。今日中国有很多被贴上或给自己贴上左翼标签的人，其实和左翼态度完全没有交叉，而恰恰走到了它的反面。我跟一些自由主义朋友讨论问题时，我的论点是，我们可以共同战斗，但是到了某个时刻，"自由左翼"会停下来，因为基于某些规范性理由会觉得要奋斗的内容已经达成，但是"激进左翼"并不会停步，激进的意思，就是不肯停步，不肯放弃批判的态度。

我不会认为，任何已有的东西，是可以自我宣称完美的。黑格尔的"合理的就是现实的，现实的就是合理的"这句话常常为保守主义者频繁引用，来证明现实状态就是最好状态。但黑格尔这句话不能完全这样解读，"现实的"（actual）这个词是从亚里士多德来的，绝对不是指我们眼前所见之物而已，它与"潜在的"相对，通过人类的努力与历史的进程肯定能实现的东西，才是现实的。所以"现实的"并非当下既有，而是指向一个动态的进程，指向形式可能性之自我实现过程。黑格尔笔下的"现实"永远指的是"变成现实"。只有在历史终点，一切才真正变成"现实的"，才真正变成"合理的"。所以符合理性的才是现实的。如果从黑格尔的这个角度去理解，他就根本不是对既有秩序的辩护，反而构成了对现在状态的一个要求，或者说一个期许。

今天美国还有那么多左翼的学者，却高举旗帜反对美国，他们是不"爱国"吗？恰恰相反。其实他们心里面也认同美国取得的很多成绩，但正是基于对美国深深的爱，他们觉得这些还不够，我们为什么不争取更多？比如说，美国许多现行制度，在话语层面被神圣的大词笼罩着，但是现实层面上却很可怕，甚至很可笑。当人们必须在特朗普跟希拉里中选择一位担任总统时，这实则就是一个赤裸裸的勒索。选民要么放弃投票，如果参与投票，就像加入了一场闹剧，没有一个选项是好的——通过"邮件门"已经看出希拉里可能都不是一个正直的人，而特朗普则更是一个坏的选择。特朗普当选是一个很值得分析的政治现象，为什么在这个时刻，这样一个反政治的人会变成一个政治偶像。

自由主义者认为，如今基本的人权我们都已拥有。我并不认同这个观点。二十世纪初据说黄浦公园门口挂过"华人与狗不得入内"的牌子，随即激起举国上下的巨大愤怒。但如今我们几个教授到外滩去，很多地方我们也是进不去的。但奇怪的是，对此并没有人愤怒，甚至没有人去追问，就好像这一切都是天经地义。

资本开始进入大数据时代的掠夺

搜狐文化：是不是因为资本提供了一种逻辑，会让人觉得自己也可以达到那个程度？

吴冠军：但这是真的吗？这个时代掠夺的方式比以前更加残忍。比方说十九世纪的美国，那些著名的大家族，比如摩根家族，洛克菲勒家族，得靠几代人的努力才能建立庞大的资产规模。但是今天，像马云、马化腾等等，在一代人的时间里，就能迅速形成同样庞大的资产规模。我个人认为这里面有很精致的区别，资本掠夺方式不一样了，它的积累方式已经发生了变化。

搜狐文化：这可能跟信息化和技术发展以及随之而来的全球化都有一定关系。

吴冠军：做一个粗略的今昔比较。以前，商家至少还要追问自己能够提供什么产品，随后在产品上面下工夫。今天则不然，那些"数字新贵"的商人不卖有形的东西，卖有形的东西资产蹿升不了那么快的。比方说耐克球鞋或者 LV 包，总得一个个卖出去，一个个生产出来，走一条条具体的销售路线。如今已不需要卖了，只需要借，商家不需要真正给你实物性的产品，你就已经在为它交钱了，这就是数字时代。

现在有个说法叫数据产权，是从知识产权衍生过来的。但这个说法是有问题的，因为产权的概念，就是对某样实物的拥有，很简单。这份牛排我吃了你就吃不了，我花钱买下了牛排的所有权，以防吃到一半被别人抢夺。但是，从产权到知识产权以及今天所谓的数据产权，里面隐含了一个实际性的变化：它变成了对非物质性产品的拥有。当产品不是实体，就完全可以被大家共有，但是现在通过一种人为的方式，限制其他人拥有。产生财富的唯一方式就是我有你不能有，而今天的权力世界就要在非实体性的东西上下文章，只有非物质的产品，才能迅速暴富。

当今时代，信息、数据，就是财富，就是权力。但所有的精英，一边说要共享、要自由，推崇互联网精神，但实际的作为恰恰是不停制造垄断。因为他们很清楚地知道，这才是他们真正的财富来源。通过占据一堆大数据，他们可以比你更"知道"你自己，更知道怎样的东西会让你心动，让你乖乖地把钱交出去。一般人没办法"拥有"这些大数据，没办法做这个分析。如果说在股票市场内，每个人都能基于同样数据来做分析，那么至少有公平可言。但现在只有精英们占有数据，能判断行情走势，就相当于内幕交易，而散户只能盲目乱来，盲目乱来就是赌博，赌博必输。

平等不是终点，而是起点

搜狐文化：对更充分的平等的追求也是左翼思想的一个特质，怎么理解这种平等？这种平等和共产主义倡导的平等有何区别？

吴冠军：朗西埃有一句很有意思的话，他说，我们思路错了，我们一般都把平等作为一个目标，作为一个结果，想通过某种方式实现它。而这种思维并不可取，要用另外一种方式来思考平等，他称之"作为预设的平等"（equality as presupposition）。他的平等不是一个目标，一个结果，而是一个预设，不是未来式，而是思考一切的起点。我们思考任何问题，只能以它为预设，这才是政治的，否则你提出的任何主张都是卑鄙的，都是道德上腐败的。就像很多政客说的话，听起来很美好，但是如果他不以平等为起点的话，就都是肮脏的，就只是为自己小群体谋利。这就是为什么我们说争取肤色平等的斗争，到最后变成了一件保守的事情。因为他只争取一部分人的利益，到最后争取权利就变成特权了，凡黑色必好。认同政治并不一定就是左翼话语，在一定历史状况下可以转化成极具右翼色彩的话语。

我们对平等的恐惧往往基于一个狭隘的理解：平等就是你有多少，我就有多少，于是，精英就会问：我的贡献比你多，为什么我获得的要跟你一样？如果最后用人为的方式去矫正，到头来大家都活得一样惨，而不是过得一样好。而如果把平等作为预设，就打开了一种伦理-政治的向度。连哈贝马斯都说，之所以要主张"辩谈民主"，把民主建立在论辩与审议上，就是因为在公共世界里讨论问题，你即使内心很想只考虑自己的利益，也无法正大光明地把个人利益放上台面。在公共场合要说服别人，如果只完全考虑自己的利益，是无法令人信服的。朗西埃用平等作为预设来取代古典自由主义的"理性经济人预设",比哈贝马斯的辩谈民主更激进,旗帜更鲜明。平等是一个形式原则,直接被宣称出来,它自身不是辩谈的结果,相反,它是一切辩谈的形式起点。

甘愿以平等为起点的精英是今天对精英的唯一定义

搜狐文化:我们历史上可能就是因为这种对平等的误解而导致了种种悲剧。

吴冠军:所以我们要有一个现代性的激进思考,把平等作为一个起点。在古典时代秉持的是宇宙论,或者称之为形而上学的论证,比如柏拉图说,人就是有高贵平庸之分。在中国也是,君王是天的儿子,三纲等级结构是有宇宙论保证的。那个时代没有平等可言。在神学秩序里面也是君权神授,在犹太教中永远只有一部分信徒是上帝的选民,基督教虽然理念上引入了平等向度,上帝面前人人平等,但实际社会运作中却是为严格的等级秩序提供正当化基础。在现代,我们面临后形而上学状况、祛魅化状况,形而上学与神学的论证越来越没有力量了。今天所有的政治正当性都只能建立在对每个人的保护上。没有政治秩序,人们会在"自然状态"里打成一片,而政府则来保护你们,向你们每个人提供安全、福利,这是唯一的论证。在这个论证下面,人就拔高了,人拔高是很现代的一件事情,人的平等在这个意义上才成为一件大事情。

霍布斯与洛克以降,人获得了至高性,并把一部分具有至高性的"自然权利"让渡给政府,由它来帮助和保护每个人。由此才产生了现代民主与平等的说法。平等既然已经有了,作为今天政治最基本的起点,这个角度我们要把它捍卫下来,不要对其太恐惧。现代性的知识精英不再像古典的"高贵哲人"那样,他们中很多人站在非精英立场上思考,甚至以后者为思考的出发点。像朗西埃是富家子弟,绝对不是下工厂的人,但恰恰是他,勾画出了穷人自身未能勾画出的激进平等主张。这些精英自愿与他人平等,尽全力争取实质性的平等。所以现代性视野下的精英,必须是带着平等意愿、甚至以平等为己志的精英,我称之为"自愿做仆人的精英"。

搜狐文化:就像近代以来,是知识分子由上至下的启蒙,但知识分子和大众之间的对立、敌意,是不是也源于这种对平等的误解?

吴冠军:精英跟民众的紧张关系一直有,从柏拉图开始就一直有，苏格拉底之死就是一个重要标识。但我们在整个思想史上可以看到，一直有消弭这种紧张关系的努力，比如教育资源的逐渐下放、教育的大众化。现代性的一个重要面向，就是教育从特权转化为权利。当一个社会的资源十分丰富，完全可以支持更多人受教育，但通过某种精英主义政治建制使之不可能，那在道德上是可鄙的：你一方面把别人说成庸众，同时又不让他们有受教育的权利，这本身是一个可鄙的行为。

在知识与思想上，我们仍然会有佼佼者、会有精英。激进左翼里有一些学者，并不是反精英主义者，甚至像巴迪欧还坚称要做一个柏拉图主义者。当然会有一些人比其他人更能影响世界。比如有没有马克思，历史就不一样了；有没有爱因斯坦，物理学就不一样了。杰出与卓越，本身并不是问题。我们这个时代可怕的地方是，没有在知识和思想意义上讨论精英的概念，而是以身价财富作为标准，在这种标准下，教授根本就不算精英。现代性状况下唯一在政治上能够自我正当化的精英，就是甘愿以平等为起点的精英。

当今世界充满了不受保护的"神圣人"

搜狐文化：包括现在知识分子污名化、边缘化，这些现象会带来什么影响？

吴冠军：整体的污名化很可怕，知识精英已经不存在了，中国尤其明显。学者们也习惯关起门来，思想越来越变成小圈子的自我陶醉了，学术话语跟公共世界的关系越来越小。马克思强调哲人、知识分子要影响世界、改变世界，所以左翼的学者不管做什么样的学问，他们都是有这个指向的，要跟当下的世界发生关系。

比如"左翼前沿思想译丛"这个系列里的第一本书，是我翻译的阿甘本的《神圣人》。即便从这本艰涩的学术书，仍然能照见阿甘本身上的左翼风格。"神圣人"是什么意思？它是一个古典的概念。我们知道，研究古典学的学者，大部分著作都是写给一小撮同行看的，各种对古典文本的解经学研究。但是阿甘本这本著作不是单纯的古典学研究——他激活"古典"这一概念，是为了分析当下世界一个很重要的政治现象。他认为今天有越来越多的人，变成了赤裸裸的生命，并且这条命也随时可以被杀死。前面已经谈到,现代性状况下国家的正当性就在于保护个体生命,但这类人的生命得不到来自政府的任何保护,没有人会在乎你。这样的人就被阿甘本称之为"神圣人"。去年我们看到一张著名照片,一具从地中海漂来的难民小孩的尸体躺在土耳其的无名沙滩上,他就是神圣人,没有一个国家会对这个生命负责。叙利亚不会,叙利亚都不是有效国家了,土耳其也不负责,意大利德国等欧洲国家更不负责,这条命就是白死的。所以阿甘本说,今天的人权是最具欺骗性的东西,我们都以为我们有权利,但是一旦当所有主权国家不认可你的话,你就是一个"神圣人",谁都可以把你杀死,谁也不会对此负责。阿甘本一头扎入古典文本,实际上是怀着激进批判当代政治状况的方式扎入的,学问绝不是一个小圈子自我陶醉的东西。

伊斯兰国的兴起是对启蒙理想的真正挑战

搜狐文化:是不是因为"人权"也是由西方话语构建出来的概念,所以当它在没有那一套制度维护的时候,就会处于一个真空的状态?

吴冠军:完全正确,这也正是阿伦特会说不存在"人权"的原因。因为"人权"意味着你是人就有权利,但权利的结构是什么呢?它意味着必须有一个力量保护这个权利,否则这个权利就没有价值。

直到今天,这个世界还是一个主权国家的世界,本来欧盟指出了一个突破主权国家框架的方向,但最近英国的"脱欧"以及欧盟自身的种种问题表明,这个世界的主权结构还是牢不可破的。所以,唯有被一个主权秩序认可的人,才能谈得上享有具体权利,因为主权至少会通过一个方式来保护你。所以,实际存在的是公民权而非人权,你拿出一个身份证来,你可以说我有这个或那个权利。在中国,户口实质上又构成了一种区域性权利,没有户口你就在医疗、教育等方面享受不到完整权利,甚至你在消费上——比如买房——也受到限制。

所以说,权利并非是个一目了然的概念,其中蕴含着很多值得批判性分析的东西。阿甘本等学者通过复苏古典的概念,旨在让我们看到当今现代性状况下的世界,其实并没有离古代世界很远。各种美好的政治理念,琳琅满目的好东西,都经不起批判性的分析与解剖。我们以为美国这些国家做得很好了,然而并没有,这个世界依然是那么残忍。

我还是很欣赏像默克尔这样的政治家，因为她坚持要把欧洲的启蒙理想贯彻到底。所以我觉得，欧洲现在面临很大的关口，启蒙理想对于欧洲人的意义正在受到挑战。同样地，特朗普上台，象征着政治文化里面很大的变迁，整个西方世界在伊斯兰国的挑战下面基本是崩溃的。

搜狐文化：其实伊斯兰国的兴起和西方制度，像民主和资本的错位，应该也有很大的关系吧？

吴冠军：这完全有因果关系，伊斯兰国作为一个领土性的国家形态，本身可以被灭掉，但是它所启动的恐袭模式很难被灭掉，而真正可怕的，也正是这个模式。今天我们所有现代意义上的主权国家，其唯一正当性就在于，对人的生命提供保护——否则人就会像狼一样撕咬起来，当人把一部分权利让渡给国家，国家负责保护国人。这个政治可以被称作为生命政治，它以保护生命为唯一的正当性。我称伊斯兰国是一个反生命政治。它旨在使民族国家失去正当性，比如欧洲的火车上有乘客突然被旁人拔刀刺死，游客在海滩上庆祝节日时突然被乱枪或炸弹杀死……我觉得这是插在一个现代性的主权国家心脏上的一把刀。法国总统奥朗德咬牙切齿声嘶力竭痛斥伊斯兰国，然而每一次痛斥都表明这个政府在保护生命上又一次无能，国家的正当性基础又被削弱一重。我要国家就是因为你能保护我，如果你保护不了我，要你干吗？如果这个问题一直持续下去会出现什么情况？会出现社区武装，国家主权保护不了我，那就社区自保，建立自己的武装保安，社区外围造墙，外来的面生之人就不让进，社会的一般化信任以及对国家及其机构的信任，统统崩塌。

现代国家之所以无法应对这种恐袭模式，那是因为现代国家建立的根本原则基于人是理性经济人的假设，每个人都是趋利避害的。我刚刚过来的时候走在路上，走得急，一个男的瞪了我一眼，但我确信他不会突然伤害我，因为他这么做成本太高，街上那么多的摄像头，他犯不上因为看一个陌生人不爽而去换十年铁窗生涯。我们都有这个前提期待，所以才可以有这样的秩序，执法只能靠威慑，靠理性经济人在执法力量威慑下的自我约束。但是伊斯兰国就推翻了这种预设，陌生人会对你暴力地下手。我们喜欢看侦探推理小说，我们那么想看最后罪犯是谁，是基于这样一个预设：能逃脱惩罚才可享受作案带来的好处。如果每个人都不在乎被抓，那就不要名侦探推理了。这就是伊斯兰国恐袭模式的恐怖之处，杀人者并不准备逃走，杀手做完这个案子自己也就死在当场。对于这种杀人者，现代主权国家一点办法都没有，威慑不起作用啊。恐怖分子作恶是防不胜防的，任何一个地方都可以变成犯罪地点，而且行凶之人还不准备逃避惩罚。

所以我相信伊斯兰国对整个世界的真正挑战，是它对启蒙理想构成了一个激进测试：面对这个挑战，你愿不愿意继续坚持启蒙理想？面对那么多难民，你害不害怕？这就是风险。那些人有另外的信仰，与我们素不相识，并不是跟我们一样的理性经济人。投票给特朗普的那些个体和财团是真的怕，真的想筑高墙，不想让外来的人进来了，因为不知道那些人会做出什么事来。他们的死活与我们有何相关？然而，伊斯兰国恐袭模式一旦多次成功后，就会产生越来越大的示范力量，这个秩序内部的被排除者、被抛出者、神圣人，他们不需要理性自保因为本来已生无可恋，于是我们看到越来越多本地出生的人也在加入恐袭队伍，拿着粗制滥造的炸弹去杀社区的邻居，很多恐袭事件实则真不是伊斯兰国策划，而它只需要事件发生后宣布这是伊斯兰国战士的壮举就可以了。这样一来，即使造起高墙，也无从避免伊斯兰国恐袭对主权国家的挑战。

左翼是为普遍性而斗争

搜狐文化：怎么理解左翼的激进？从历史上看很多人容易把激进想象成暴力反抗的方式，包括索绪尔，他就极其主张暴力工团的形式，现在的激进有没有变化？

吴冠军：何为激进？自由主义者有一个前提：任何事情都可以妥协，我让一步你让一步。而激进的人则是不愿意轻易妥协的，他们坚持这个世界需要不断被批判，一旦退步、妥协，那就不激进了，这就是形形色色的左翼区别于激进左翼的地方。在今天为同性恋抗争是左翼，为黑人抗争也是左翼，但激进左翼认为这些都还不够激进，为什么？因为基于身份认同基础上的批判，不可能是彻底的。所以我蛮喜欢阿伦特这个学者，她身为女性但并不标榜自己的性别、并不在自己学问里刻意高擎女性主义旗帜，她完全跟男性一样来谈政治理论问题，并不因为自己是女性就要求特殊待遇。今天很多国家许可同性结婚，可以结婚他们就很开心了，但却会因此慢慢丧失先锋性和激进性。黑人也是一样，一旦获得了平等的权利，甚至比白人还多出各种细微的"特权"，斗志就会慢慢减弱，甚至还会为了保有自己的"特权"而进行右翼的斗争。

齐泽克的说法是,我们每个人的核心不是实体,而是空无,在空无之上人可以有各种各样的装扮,黑人、白人或者贵族、精英。真正的激进批判,就是把这一层层的装扮都剥去,每个人最后都是这样一个空无,在这个意义上才是真正的平等。激进左翼所有的斗争不是基于那涂上去的一层层皮,而是基于"我什么都不是"、基于作为空无的普遍性之上。正是因为基于空无的斗争,所以这一斗争没有止境,任何的"色"、"相"、任何的话语,都能施以批判。左翼的伦理学就是如此:因为能够,所以必须。

我们看到前一代左翼人士很多是为特殊性抗争的,后现代主义或者叫后结构主义左翼,追求每个人的特殊性、多样性,但是齐泽克、朗西埃、巴迪欧等是后现代主义之后的一代学者。他们的激进就在于,不是为某种特殊性而抗争,所以这份抗争不会终结,而是永不停止。对他们来说,政治的魅力就在于它拒绝随时停止,它没有终结点。正因为没办法规划出一个可以安顿所有人的大同社会,我们就永远能够在现实秩序中找到各种各样进一步的批判点,这就是基于普遍性的抗争。我是个男人,我也可以成为一个女性主义者,尽管我没有女性的器官,我没有黑色的皮肤，但我也可以是黑人。因为你的核心是空无，你可以参加任何一场战争，并在赢得战争后，继续加入新一轮的战斗。

搜狐文化：*所以左翼的探讨会因为其本身的这种特点，少谈政制、多谈政治吗？*

吴冠军：有时候我做完讲座，总会有人说你分析得很精彩，但你能给出新的秩序来吗？这个也不好，那个也不好，你们要什么呢？

对此我的回答是，这不是左翼的任务。我不会对尚未产生的事物凭空发言，或做预测。但是一旦社会又出来了某种新的制度性实践，那么就有东西可供我去做批判性分析。所以左翼当然谈制度，没有具体东西怎么做分析呢？他们分析的就是既有的制度。激进左翼的政治，就是做减法的政治（politics of subtraction），不断减少不好的部分，减去暴露在人们视野中的糟糕东西，而绝不是提出某种最好的秩序。我们不是上帝，不能犯哈耶克所说的"理性的致命自负"。哲学也是，不是去实定性地宣称哪些内容是真理，而是不断用苏格拉底式的质疑，剔除各种诡辩性知识（sophistic knowledge）。所以我们必须要恪守这个立场，不能像二十世纪左翼一样，老是把自己认定为正确的一两个想法施加于全天下。王莽全力推行上古贤王的最佳政制井田制，然而黄河流域根本不适合井田式的耕作。我们当年也是这样，直接就想把共产主义从理念变成社会建制，马克思本人都没怎么正面阐述过这种社会将采取怎样的制度，但他提出过一个很重要的建议，那就是绝不能在一个很穷的地方推行共产主义。

我一直说邓小平是一个重要的人物，直到今天人们还认为他是一个比较右派的资本主义代言者，但我把他理解为一个忠实的马克思主义者，因为马克思从来没有排斥过资本主义，共产主义只可能在资本主义所激发的巨大生产力及其所带来的社会整体富裕基础上才能设想。而邓小平说我们先让这个国家富起来，只有在富起来的前提下才可以去设想，如何分配得均衡一点。他当时把建设目标定为小康，我觉得蛮好。二十世纪六七十年代国家已经穷得不行了，挖地三尺都没有东西的时候，怎么去设想政治制度？再穷下去的话大家只有饿死，所以改革就很重要。用齐泽克的话说，这是走向共产主义的必经的"绕道"（detour）。我很不同意今天一些学者的论点，比如甘阳说我们要尽快离开邓小平摸着石头过河的时代，要亮出自己的道路模式，他把这条设想好的中国道路叫做"儒家社会主义共和国"。

这是最可怕的，因为你一旦把道路确定下来，那么别的尝试就是政治错误的了，别的道路就是伪道路了，任何对现实中各种制度性实践的批评就都是恶意攻击。甘阳被不少评论者称为左翼，真是天大的误会。根据我前面给出的分析，邓小平是忠实的马克思主义者，是不折不扣的左翼；提出离开邓小平时代的甘阳则是实实足足的右翼，他被认为是左翼，纯粹肇因于当下中国的"左""右"混淆——知识界首先把邓小平界定成右派，那么要求离开其主张的就是左派。

怎样去慢慢建立一个切合实际的制度？唯一方式是可以去尝试一些不同的元素和方式，小范围地进行实验，因为小的范围能被迅速纠偏，不断地批评，使新的东西不断成形。不要整个国家只有一种方式，比如全部井田制，当这个方式行不通的时候，要么死活不肯纠偏，搞到鱼死网破南墙撞塌为止，要么就惨然面对整个国家几十年尽是无用功的情况，国家治理的正当性遭到极大摧毁。要不要确定中国唯一的发展道路是什么样子？邓小平说不要，说不清楚，你一说就没法发展，没法试错，没法批判。我们在深圳这么搞，在江浙那么搞，在东北或西北又是另外的搞法。其实美国就这样，美国每个州的制度都很不一样，这才是繁荣的基础，美国总统大部分精力是对外的，对内他说话的权力是很小的，每个州的州长掌握大权，让每个地方尝试不同的方式，这样美国才有活力，才能够往前走。所以，在实定性的向度上，绝不可只有一种道路，硬归于"一"。巴迪欧说的多样性本体论（ontology of multiplicity），就是尝试在哲学层面上对这种基于"多"而非"一"的政治进行论证。

激进左翼不赞同大写的历史，是事件的历史观

搜狐文化：演进是根据经验进行的程度不那么激烈的变革，而这也涉及对历史进程的理解，那激进左翼的历史观是怎样的，如果没有终结的批判，该怎么看待历史终结论？

吴冠军：历史终结的说法是一个黑格尔式的说法，我们称之为历史形而上学，包括马克思思想也有这个成分。这就是十八世纪、十九世纪的人，他们在自然、上帝这些绝对的大写之物之后，又找了一个 History（历史），我们所有人都只是大写历史的代理人而已，滚滚车轮是往一个方向滚的，而我们是去推动它。

激进左翼不可能会赞同这种大写的历史,包括任何在背后的大写的力量,他们唯一的说法是,这个世界会进一步不同,但这个不同意味着,变好和变坏都有可能。实际上,好与坏都是一个规范性坐标下的价值评判,而唯一确凿的就是会有进一步变化,没有一个人能阻止这个世界变得不同以往。甘阳和刘小枫一直说,太阳底下没有新鲜事,激进左翼完全拒绝这种说法,太阳底下永远会有新鲜事。

三十年前我们不能想象"伊斯兰国"这样的国家形态恐怖组织,这是一个新兴的事物,尽管它穿着很旧的外套。所以如果说历史观的话,激进左翼是事件的历史观,永远会有新的事件发生,重要的是,这个事件之后我们该以怎样的方式去面对,这开启了后面的历史方向。我们对事件的话语性的界定、阐释以及围绕它展开的话语领导权斗争,就真正决定了未来会有怎样的一个新的变化。

现在是一个后福柯的时代

搜狐文化:当时福柯去参加伊朗革命,就特别强调在事件之中以及事件之后,人对它的反应。您之前也提到了福柯的批判精神,他当时在欧陆的左翼发展过程中是扮演了怎样的角色？

吴冠军：福柯自己有很多不同的面向，包括很多古典自由主义者也很喜欢他，因为他在某一阶段发展出了跟自由主义很亲和的说法。他在世的时候就参与多个运动，结构主义运动，后结构主义运动，又推出生命政治、美学伦理等等。今天激进左翼学者都是后福柯的一代，都和福柯思想有千丝万缕的关联，阿甘本的《神圣人》中一条核心线索就是接着福柯的生命政治往下讲。福柯有一段话我引用过，他说，作为一个左翼也好，批判的思想家也好，都得不停地往前走，直到抵达一个叫做空无的核心，中间没有别的地方可以停驻。

但是在另外一方面，学术界本身也有审美疲劳，可能福柯思想也在退潮中。比如说，阿甘本对福柯的生命政治的发展，已经远远超过福柯本身的理论深度。法国思想有意思是在于，法国学者跟中国学者真的不一样，中国受儒家影响很大，言必称自己的老师，强调自己的传承。而法国学者的首要焦虑就是，怎么建立自己的学术地基，而不是报老师的名字，他们首先考虑的就是如何越出老师那一代人的思想。所以法国到现在还能成为思想出口的大国，就在于他们不断超越上一代人的局面，而老师对于这种

"逆徒式学生",当然情感上可能会郁闷,但多半会乐见其成。在中国不行,对老师怎么能批评呢?朗西埃的老师是大名鼎鼎的阿尔都赛,但他专门写了一本书叫做《阿尔都塞的教训》,阿尔都塞气得不行,但是没办法。巴迪欧也是阿尔都赛的学生,也很快对老师加以批评。巴迪欧自己的学生卡桑,年纪轻轻但已经崭露头角,他竟然说巴迪欧是巴黎最后一个保守主义堡垒,必须一把推翻。巴迪欧想来眼睛都气绿了,但这就是他们的传统,只要你有真东西,老师再气,绝不会下手来阻碍你或封杀你。

搜狐文化:这种学术传统也是促成法国成为左翼思潮重镇的一个原因吧?

吴冠军:法国学术传统本身就是左翼的传统,不满足于现状。一般大的思潮从酝酿到成熟再到落潮总要上百年,至少总得给它半个世纪吧,我们儒学都两千五百多年了。而二十世纪以降的法国思想,基本上短短二十年就换一个新的大潮,存在主义还没有怎么样呢就被结构主义干掉了,结构主义也没坐热,后结构主义又出来,现在德里达已经开始退潮,又出来巴迪欧、朗西埃这样的人,而晚近又出现梅亚苏的思辨实在论……

这种氛围其实就是不满于现状,任何的论说,都不可能是我们称之为总体的,它总会有很多遗留的缺口,这个缺口就是新的东西的萌芽点。最后一个在做总体性工作的人就是黑格尔。所以我觉得法国思想的魅力就在于,他们有这样一个激进传统,每个人都被逼迫着拿出新的好东西,你如果是个没有新东西的"啃老族",根本不会有出头之日。

成为政治主体在于对美丽时刻的忠诚

搜狐文化:其实像巴迪欧、齐泽克、阿甘本、朗西埃都是拉康影响下的左翼学人吧?

吴冠军:拉康是很有魅力的学者,很少有人提出他那样非常完整的术语体系,且不只是在精神分析领域,这套术语体系已经被引入到政治哲学、文化批评、电影研究等等领域,皆发挥出强大的分析性力量。在这里面齐泽克居功至伟。我称齐泽克"比拉康更拉康",为什么呢?因为如果拉康没有像齐泽克、巴迪欧这样的哲学家对其进行解读,很可能就会被思想界忘记,或者慢慢变成精神分析小圈子里的话语。是齐泽克他们把拉康的话语,跟左翼的思想挂钩。

拉康的自我定位很清楚，他自认为就是一个临床的精神分析师，他所有的理论体系也只有一个目的，就是同精神分裂者打交道，其指向就是，精神分析师是要治病的。所以他的理论的政治扩展实际上是模糊的：它可以有左翼的发展，也可以有相对保守的自由主义的发展，甚至是更保守的发展。拉康的女婿叫雅克-阿兰·米勒，拉康的所有东西在去世以后都在米勒手里，齐泽克当年就在他的那里求学，参加米勒的研讨班，并且在那里真正对拉康的理论开了窍，故此齐泽克是拉康正宗的再传弟子。

同样的故事又发生了，那就是：齐泽克跟自己的学术引路人米勒又分道扬镳了。他们的分道，就是政治上的分。齐泽克说米勒太保守了，把拉康的东西在政治层面上做了一个自由主义的扩展。但是我认为也不能怪米勒，精神分析本来就未必一定要有左翼的发展。精神分析的前提就是要治愈人，什么叫治愈人呢？它首先就必须有一个正常状态，当远离正常状态，临床表现就是症状。通过精神分析疗程，人希望把自己变回相对正常的人。这就是精神分析作为社会建制的位置与功能。你身上可以出现各种各样的症状，但是有一个力量把你拉回到社会正常的轨道上，因而这个力量本身在政治上就会偏向保守、偏向右翼，我们要服从这个秩序，因为正常状态就是由这个秩序来定义的。例外的状态，我们叫非正常状态。福柯，就是在这个意义上反精神分析。

齐泽克等人对拉康的术语进行了全新的再阐述，他们在乎的是后期的拉康，也就是他们的重点不再放在如何治愈人上面，而是放在症状上面。齐泽克等认为症状并不就一定是坏东西，症状是你还真实活着的证据，你不是行尸走肉，你还会呼喊，还会挣扎，有一股力量告诉你，你原来的活法有问题，有一股力量告诉你这样活着是耻辱的，你并没有真实地活。所以在齐泽克这里，症状绝非坏事情，所以虽然他说他是精神分析师，但是他并没有去做临床精神分析，他告诉我他倒是被做过分析。由于做分析师之前你必须经历大量的被分析，所以齐泽克当时也走过这个流程，但是他最后没有选择做临床分析师，因为你真的做了以后，人逐渐就会变保守，就会希望把有症状的人变得跟"正常人"一样。

但是，作为激进左翼来说，认为这个世界正在变得越来越沉闷，越来越没有生机。这是因为，人不可能真正地在生命最激烈的地方生活，人逃避真实，人向往沉闷，资本主义很好地帮助人做到这一点，变成一个行尸走肉般的消费者，或者如德波所说的观景者。拉康有一个词，jouissance，它是指最激烈的真实快感，人在这种状态中才真正地在活。晚期的拉康强调快感、强调真实、强调爱情。我们知道，爱情，就是一种很强烈的状态，是魂不守舍、控制不住的状态，它打断你的正常状态。但是反过来说，不恰恰由于这种状态，生命才美好吗？没有人叫你进入这种状态，你甚至自己都不想进入这种状态，但是生命有一股力量，使你有了症状，使你变得不那么正常了，使得所有人告诉你，你发疯了，但是你想了半天，所有理性的想法都说服不了自己。这是个什么力量？这个力量可以让你放弃一切市场的、功利的、符合经济理性的考量，去做出一个不顾一切的抉择。

所以，齐泽克也好，巴迪欧也好，他们都觉得可以把爱的力量政治化，政治的革命跟爱是十分相似的。相似在哪里呢？相爱之后面临的下一个问题就在于，如何构建一个日常状态。比方说你跟那个人在一起了，但你很快会发现，在不知不觉中，爱的激情正离你而去，你又回到一种很正常的状态中……革命也是，随着火山爆发般的革命成功以后，就要面对如何构建日常状态的问题。我相信当年的毛泽东就是发现了这一点，整个社会很快进入一个等级制的结构里去了,而他的"不断革命",就是拒绝回到这种日常状态。最初的理想,最初的美妙就结出这么一个陈腐不堪、没有生气的果实,这是为什么?

今天有人问巴迪欧,你为什么始终坚持做一个毛主义者?我觉得这里面有值得深思的地方,而并非只是巴迪欧个人的固执。毛发动文化大革命有一个正面理由,那就是要打破官僚制。怎么会产生等级森严的官僚制呢?这跟当时要建立一个共产主义、平等主义社会的理想完全背道而驰,怎么会在新中国建立的最初十年就牢不可破了?以至于不得不发动底层的红卫兵去冲击它。这个就要去追问一下,在革命成功的第二天我们干了什么?在爱情成功的第二天我们又干了什么?最初革命很成功,一切都是玫瑰色的,宜将剩勇追穷寇,意气风发,觉得一切形势都会大好。但这恰恰是最需要花工夫、决不能错失的几年。

所以令人痛苦之处就在于,爱情和革命都像火山一样,都冲破了旧有秩序,打开一个缺口面向全新的东西,但在幸福、胜利、成功的喜悦中,人恰恰没有重视第二天该做的事情,使得幸福很快烟消云散。我参加过很多婚礼,那些爱的誓言并不都是走走过场,很多人确实是真心的,但新人慢慢在往后的生活中进入一种远离爱情的方向了,最后离婚的离婚,闹得一塌糊涂的闹得一塌糊涂。所以巴迪欧有一本书,叫《爱之颂》。他说"我爱你"意味着"我永远爱你":"I love you"这三个字本身没有意义,只有加上一个时间性的结构它才成立,革命也一样。如果只是革命,完了以后一切全都是没有任何的改变,这就是一个欺骗,是对老百姓的欺骗,是对所有抛头颅洒热血的志士的欺骗。巴迪欧说事件(event)很重要,爱情是一个事件,但是真正让你成为一个政治的主体,就是你对这个事件、对这个美丽时刻的忠诚。革命也是,它只有加上时间性的结构才成立;对革命的忠诚,使人成为政治-伦理性的主体。

"文科教授"与恐袭分子只有一步之遥？

最近有一条微信热帖《圣战每多工科狗，极左总是文科生》，重新把"左"和"右"的区分推到大家面前，提出文科生天然地会有"向左转"的倾向；而当年"极左组织"红军派（RAF）用电缆炸弹炸死德意志银行董事长的恐袭事件，也被称为"文科狗对金融狗的逆袭"。"左"和暴力被直接挂起钩来。在汉语世界，"左翼（派）"这个说法长久以来更是陷于深度混淆："老左派"、"新左派"、"极左思潮"等等标签俯拾皆是；"文革"时代各种暴力行为，也自是被牢牢贴上"左"的标签。

在这个背景下，如果还有人愿意用"左"来形容自己的思想/理念/立场，他/她要承担多大的勇气，去面对被身边绝大多数人视作是一个残忍暴力的大魔王？要知道，当代欧陆有大量的著名思想家，如斯拉沃热·齐泽克、阿兰·巴迪欧、雅克·朗西埃、乔治奥·阿甘本、安东尼奥·奈格里等等,不仅坚持自己是左翼,而且强调自己是"激进左翼"(radical left),他们是疯了吗,这不就坐实"文科生天然向左转"、"文科教授"与恐袭分子只有一步之遥的大众想象了吗?

所以,我们仍然要执着地追问,前述"文科狗"以及"红小将"那些"肖像"(images),真的可以全权代表"左翼"吗?进一步地,在今天"后形而上学"的思想语境下,"左翼"——据说它充盈着整个文科——还能具有怎样的特征,使它可以同"右翼"构成一个鲜明清晰的区划?这篇小文,就试图回应一下这个问题。

尽管我同意当代社会学家安东尼·吉登斯的判断,"左"与"右"的实定内容一直在变,我们的思想实践不能再受所谓"左"(福利国家)与"右"(自由市场)二分之教条牵绊,但我对其"超越左与右"的结论有所保留:尽管这两个符号所指涉的实定内容一直在变,但我们或许可以不从内容上、而从态度上来切入。此处,"态度"一词正是在法国著名思想家米歇尔·福柯的意义上使用,即"一种哲学的气质"。

就我们同自己被"抛入"其内的那个"现实秩序"而

言，确实有两种截然不同的态度：一种态度是，将当下既有秩序视作为一种始终打开（open）的状态，可以不断地予以批判与革新；另一种态度是，将现实秩序予以预先封闭（foreclosed），不管这种封闭秩序是以形而上学作为根据，还是以神学信仰作为保证，抑或是以传统主义（即，传统一直以来是这样）或历史决定论（黑格尔主义-科耶夫主义"普遍历史"）的论调作为理由。

前述那些当代欧陆思想家们，尽管内部仍在不断地彼此进行着学理争论，但都分享着这样一个前提，就是当下既有秩序绝不是"历史的终结"或"真理王国"，任何实定秩序在存在论的层面上都是"打开"的。在电影《让子弹飞》中，代表既有秩序之统治的黄四郎曾追问张麻子，"你到底要的是什么？什么对于你才是重要的？"张麻子沉吟后回答黄四郎："没有你的世界，对于我很重要。"在这里我们看到，张麻子对当下既有秩序的反抗，就正是"激进左翼"的进路（他丝毫没想要代替黄四郎进行统治）：真正重要的，不是世界一定要变成某种样子（某种"理想国"或"自然秩序"），而是世界必须不是现在的样子。

我们可以把前述那些当代欧陆思想家，同晚近十五年在中国思想界影响巨大的列奥·施特劳斯放在一起做比较。

施特劳斯和拉康、萨特岁数接近，比起前述那些皆还在世的思想家们要年长一到两辈，之所以把他们放在一起比较，是因为他们进入汉语世界的时间十分接近，并且都先后对当代中国思想造成了深远影响。

我们看到，施特劳斯和齐泽克、巴迪欧等人一样，对于在现代社会中占据霸权性地位的自由民主制，也有一系列的尖锐批评。但之所以施氏可以被确当地称作一个"右翼"思想家，正是因为其"古典政治哲学"号召"回归"到一种"自然正确"（natural right）的政治秩序。换言之，施特劳斯以形而上学的方式预设了其心目中的"古典政治秩序"是最好的（完全符合"自然"的）——亦即，施氏采取了一种形而上学方式的"预先封闭"。故此，"右翼"的施特劳斯与那些当代"左翼"思想家的根本性差异就是：前者持有一个肯定性态度（positive attitude），认为世界被改变成（或保持）某个样子就可以了；而后者则持有一个否定性态度（negative attitude），认为世界必须不是现在的样子（必须被改变）。

有意思的是，在《让子弹飞》影片最末，张麻子和他的昔日伙伴分道扬镳、拒绝坐上那架"马拉的火车"。让我们再用影片人物做比方的话，张麻子的那些弟兄们在态度上是（准）施特劳斯主义者，因为他们在推翻黄四郎的统治后认为"真理王国"已经抵达，所以乐呵呵地坐上火车奔赴浦东。而张麻子本人却是一个永远"在路上"的激进左翼，知道新的"黄四郎"会崛起，把既有统治粉饰为"真理王国"。因此，子弹（批判），必须继续飞下去……这种"让子弹飞"，就是福柯在后形而上学氛围下所提出的"批判的存在论"（critical ontology）：只有批判本身，具有存在论的尊严（永远"飞"下去）。一个真正的左翼政治（左翼思想、左翼理念），便始终蕴涵了对既有的权力结构、主流意识形态的一种批判、疏离与对抗，因为后者始终在结构性地保障着当下秩序的自我永固化。

我们知道卡尔·马克思当年曾提出一个著名的"论纲"（即《关于费尔巴哈的论纲》第十一条）——哲人不应该只是阐释世界，关键是要改变世界。这句话，概括了左翼的态度。而施特劳斯对"第十一论纲"是这样回应的：哲人之所以停留在阐释世界的层面，因为他们知道世界——作为宇宙的世界——是不能被人所改变的，马克思只是用人的那个"小世界"来取代真正的世界。此处显然施特劳斯具有很强烈的形而上学与宇宙论色彩。他把人类世界称作"小世界"："人，当其至少假装是一个整体时，只是一个更大的整体的一个部分，人只是一个小世界，一个微观体。"是故施特劳斯宣称，"人道主义是不够的。"

我们看到，施特劳斯从形而上学-宇宙论的世界出发，故此强调不可被人所改变的"自然秩序"，并由该秩序确立起人的"世界"（小世界）中"自然正确"之标准。而马克思则只面对人类世界（人之群处所形成的那个政治性的"世界"），那么该世界里所有既有的现实秩序都是可以被改变的。当"自然秩序"就是"最好秩序"时，哲人的首要任务就成为了解释性和认知性的（哲学就是去认识-自然）；而马克思拒绝"自然"的至高地位，仅仅视其为人的改造性实践的一个对象（哲学就是去改造-自然），哲人的任务于是便改变了方向。在这个意义上，马克思确实是左翼思想的一代宗师。

故此，"左翼"（左翼政治、左翼理念、左翼思想）和是否暴力无关，"右翼"同样可以很暴力：纳粹主义是最典型的右翼思想，"奥斯维辛"激进地推进了人类史上暴力与残忍的幅度……在我看来，"左翼"之为"左翼"，有且仅有两个定义性的特征（defining features）——之所以称其为定义性特征，正是因为此二者为"右翼"所绝不能具备。

首先便是前面所阐述的那种否定性态度，即，对当下既有现状的一个永恒的批判性态度。福柯把这个"态度"叫做"启蒙的态度":"可以连接我们与启蒙的绳索不是忠实于某些教条,而是一种态度的永恒的复活——这种态度是一种哲学的气质,它可以被描述为对我们历史时代的一个永恒的批判。"以此态度观之,今天汉语学界的许多"左翼"其实是名不副实的。

与此同时,"左翼"还有一个更实质性的特征:它不仅是一种"态度",而且也是一种"诉求"。这个实质性内核,就是争取更充分的平等。"左翼"的政治思想或话语,无论再如何呈现出五光十色的多元性,其最根本层面上的底色不会更改——追求一个更为平等主义的社会(egalitarian society)。这亦是马克思另一个最根本的思想遗产。前述齐泽克、巴迪欧等当代欧陆思想家之所以经常被称作"后马克思主义者"或者说"激进左翼",正是因为他们认为这一追求平等之过程是永无终结的(而马克思认为一旦抵达"共产社会",这个追求就完成了),真正的平等(共产主义)是一个永不熄灭的、为我们照明奋斗方向的理想/理念(idea)。所以这些当代激进左翼思想家(在齐、巴二氏身上尤其明显)在坚称自己是唯物主义者的同时,也并不拒绝理想主义/理念主义(idealist)向度。

如上所述,批判性的态度,与平等性的诉求,就是左翼的两个定义性特征。如果说文科生或文科教授"天生"就有"向左转"的倾向,那么,何妨就请天纵英才地、前赴后继地"转转转"吧!

"知识消费"狂欢节，大学要负责任

——《哲学系》专访吴冠军教授

李子俊：您个人的一大特色，就是极其反对"学术黑话"；一些学者尽管也对此多有不满，但都没您这般激烈——三令五申、著书立说。我想问：您如何定义"黑之为黑"？

吴冠军：首先，学术自有传统。有传统，就有共同体。当一种传统非常有力时，就会围绕它产生许多专门术语，而熟练操持这些术语，是共同体内部成员彼此进行确认的关键环节。这个现象不止于学术，比如你们年轻人玩"三国杀"、"狼人杀"，这些桌游自身就已形成一套专门术语，不玩的人根本不知道你们在说什么。而在学术中，哲学在各个学科中是历史最长的，甚至被认为是各类学科发展的源头，由它产生的"术语"自然就格外多；术语，形成了门槛与壁垒,非哲学专业的人,自然也难以入门与穿透。

哲学"术语"的好处是:第一显得你专业,"高山仰止",别人不敢对你说三道四,于你便构成了一种"文化资本";第二,术语使哲学脱离最初的日常场景,使它得以不断专业化,成为一门代代相传的学问。当然也由此产生了两种"做哲学"的方式,第一种是"苏格拉底式"的,从问题直接出发;第二种是从哲学传统内部出发——你脑子里可能没有问题意识,但所读的书会带着你走,帮你在书本中做学问。比如你对生命本来没什么困惑,但在读康德,你可以顺着他的思路追问"我们是在何种条件下'知道'物自体是存在的"等等的问题,写出诸如此类的大部头研究专著。

这两种做哲学的方式曾经是共存的,但后者慢慢取得了支配地位。今天苏格拉底再跑出来,你认为哲学系会聘用他吗?这样的人连论文都不会写,他去哲学系面试,对方拿一堆海德格尔或胡塞尔的概念来考问,What is "Dasein"? What is "eidetic reduction"——不懂?那就先回去学基本功。这当然是个坏现象。不少哲学家,尤其是激进派的,都在试图寻找冲破这种"支配性哲学"的方法,理由是明显的,因为这会让哲学的路越走越窄。在这个支配传统里，比如，一些政治哲学学者会就罗尔斯正义理论的一个细节概念的批评意见写上几卷大部头学术著作，术语叠术语，却忘了罗尔斯无论写《正义论》还是《万民法》，都是有很明确的问题意识和现实指向的。

越来越多的思想家试图抗拒这种支配性哲学，一次次试着把哲学从中拉出来。有意思的是：哲学之所以为哲学，就在于这个概念本身。德勒兹说得很犀利，哲学家抗拒概念的手段也是用概念，又造出了新概念。但重点是，我在对抗的过程中，创造出新的分析性、批判性的概念，对原有的概念形成解构力。通过制造新术语，对抗霸权式的术语——这就是哲学嘛。哲学不是比谁嗓门大，而是要提供新的思路与视角。

在我看来，以上提及的两个传统，都要有能力驾驭，有问题意识的同时，该懂的 jargon（术语）你必须懂。现在互联网上也有不少拍脑袋、动不动就宣称自己把某个问题想透的人。写出来的文章，太空洞了，大家一看就知道你不读书。二者要同时抓，也并不矛盾。比如，每个人都吃喝玩乐，但你能否在玩得投入时，问问自己是什么力量使你这么投入？你看一个电影看得泪流满面，当你要拭泪时，要等一等，想想是什么力量使你哭？齐泽克有句话：

"真实眼泪的惊骇。"在日常的感受力最为充盈时,就是你哲学化上升的最佳时刻。在这样的时刻,你读的哲学书的力量就出来了,一些哲学术语冲上你的脑海,你会发现它们远比日常语言更加到位、具有穿透力。福柯和德勒兹在七十年代曾有一篇对谈,其中一个观点我认为非常重要:"理论作为工具箱。"理论得用,只要在用,就是"去黑话"过程。黑话是什么?它是不透明的晕圈,是阿甘本所说的被"神圣化"的东西。像中国的海德格尔研究就有这个问题,一个概念包裹着重重谜团,越说越玄,也不在乎对方说的是什么。

"神圣化"不止于术语,"双十一"时代的"物"同样体现这一点。一个"LV"包,为什么使你尖叫?不是这个包本身,而是将它层层包裹的晕圈,让你晕头转向,目眩神迷。去神圣化的最好方法,就是"使用"它,称手的就是好东西。许多被神圣化的哲学黑话,根本没有人在日常生活中使用它们。但自有许多人就爱这些黑话的云山雾罩效果——靠这种"zhuang-bility"整天装,好有意思啊。

这一点上,齐泽克做得非常好。拉康是 1981 年去世的,他去世后,关于他的学术逐渐变成一种密不透风的小共同体话语。在斯洛文尼亚拉康学派之前,这套话语的有效性在不断削弱。齐泽克当时去法国，没准备研究拉康，但他发现自己跟女朋友吵架、看电影的时候，头脑里总是浮现拉康的概念——为什么不是别人，偏是拉康？慢慢他明白了："It works"，它管用！这也使他成为本世纪举牌的拉康主义者。无独有偶，在大洋对岸的理查德·罗蒂，也是一样。罗蒂最烦黑话，声称自己用最简单的几百个英文词就能讲哲学——他写的书清晰极了。对于罗蒂，在解决现实问题上管用的哲学，就是好哲学。

现在很多哲学家不愿面对公众，真不是清高，而是不敢。他公开讲话人家是要笑他的——你话也说不清楚，你到底在说什么？公众本来是有个问题，想听听你的想法，结果你的想法让人家感觉"What the hell"——什么鬼？这就很尴尬。他只能在小圈子里，把门一关，对几个年轻学子自命大师。

李子俊：听您讲完这些，我想起尼采的一句话："当他们讨论平等时，他们其实在言说欲望。"同样的，或许从没有什么"黑话"问题，实际上都是"权力"问题？

吴冠军：这一层很有意思。很多哲学家，因为科班出身，像个电工，只会操持他那套东西。当术语形成系统，系统获得信徒，这些信徒就对此结构产生依附性。有时倒不是他想获得什么"权力",而是他只会这一套,他赖以维继的就是这些东西。而哲学要求你有背叛精神,你应游走于各个思想家之间。德勒兹有个说法,叫"游牧",游牧的目的就在于你要不断地去领土化、去地域化。你在一个地方住下来,不动了,你就对它产生了依赖性,当它消逝,你就茫然失措。当有人试图批判、攻击你,你就会有被冒犯之感。为什么那么多人恨齐泽克?因为齐泽克总侵犯他们的"地盘"。好比我是研究黑格尔的,你突然冒出来——你是什么鸟?你也要谈黑格尔?哦,我的地盘被侵犯了——这是我的饭碗啊!你随便过来扔出一本新书,就仿佛是打在我胸口的一记闷棍——你讲的这一通,我又接不上口,这个是很难受的。

哲学就是游走,不断游牧。你立一堵高墙,找一帮徒子徒孙自鸣得意,这个最要不得。

李子俊: "思想的游牧",这个说法很好。您在媒体时代,看起来是"游"得颇自得的那一个。

吴冠军: 守土有责、学阀式的治学要不得。但话说回来,哲学形成一个强大的学科传统,也有它的价值,至少在今天,我们不用为哲学的"存续"而发愁。学科化尽管有很多问题,但它毕竟是一种体制性保障,通过专学系统,使哲学得以延续至今，这是好事。我们可以在其中有所作为，我们可以将精神接回"轴心时代"的开创者那里，并重新开始。巴迪欧与齐泽克一直强调"start anew"——要把思想一次次重新开端。

今天是一个深度全球化的时代，你以为巴黎的恐袭和我们没关系？都有关系。你看"双十一"，你可以选择对此充耳不闻，只管自己的黑格尔胡塞尔，但你推开窗看一看，外面整个时代的人群处于怎样的状态？你早已跟他们彻底无关。为什么我和蓝江老师、夏莹老师要搞一个"激进阵线联萌"？因为哲学它有意思呀，也很"萌"、有冲力呀。我们要让年轻人看到哲学原来是这样有活力。我讲桌游、讲美剧、评论社会现象，好像是赶时髦，可这不正是我们的时代吗？我有时候和政治哲学的同行开会，你都不知道他是活在哪个时代的人，有一次一个老师说："机器人跟我有什么关系呀？我们政治哲学是讨论人和人的关系呀！"——他真就这样只关心别人给他划定好的研究领域。罗尔斯可以不关心人工智能，你能不关心吗？你还不关心，这个时代就会认为你非常可笑。

对学生也是这样。我曾说："知识消费"浪潮的兴起，大学老师是有责任的。因为你们提供不了好东西，人家才来搞知识付费。有次我跟罗振宇老师说："知识付费"其实并不是一个新浪潮——九年义务制后的大学教育本来就是付费的。"得到"、"喜马拉雅"的成功，是因为大学老师不好好工作。大学老师讲的东西，完全脱节于当代人现实生活所面对的状况，学生提不起兴趣，你凭什么让人家付费呢？所以这笔钱还不如给罗胖，罗胖在乎你，尤其在乎你的"知识焦虑"，他绝不塞给你知识，而是特别认真地提供给你可以用得上的知识。周濂老师最近在喜马拉雅开的哲学音频课，介绍语里讲"为什么女友要去逛街，男友偏要去打王者荣耀"，他为什么这么说？因为这样人家才会感兴趣、才会付费——哲学没用我学它干什么？一旦走出校门，你就发现传授知识根本不能自言自语，必须和世界发生关系，原来大学老师那种旧有授课方式，马上就变得滑稽之极。

李子俊：您刚有句话当这次采访的"标题党"很好——"知识消费"浪潮的兴起，大学要负责任。这个可以写进去吗？

吴冠军：标题就定为：喜马拉雅"知识消费"狂欢节，大学要负责任。对于"知识消费"浪潮里的推浪者，如罗振宇老师，我其实相当尊重，我曾经在一个讲座中说，罗胖身上具备一个能做大事之人的所有关键素质，唯一缺点是把"得到"的成功进行了片面的商业包装——"得到"成功固然有罗胖、脱不花这些最出色的精英人士操盘，但更关键的一个因素是，这个时代在配合你，无数大学老师在配合你。我曾当面和他说，试想一下，如果大学现在取消掉文凭，或者"得到"给的文凭和大学文凭有同样的"符号性效力"的话，还有多少人上大学呀？说句实在的话，纯粹从汲取知识角度来说，上"得到"绝对比上985大学学得更多，学得更好！要羞愧的是我们，大学老师。我前两天给上海市高校的新老师培训时也特别说到，你们踏上岗位之前要想清楚，如果自己就只一心发论文、评职称，上课匆匆拎包来走个过场，既没有心思认真备课，也没兴趣与下边的学生进行互动，你真的就别选择做大学老师，大学就毁在这种人手里。

回到哲学。有时我们喜欢这样自我安慰，说哲学不教你"有用的东西"，但是锻炼了你的思维能力。在当今世界，你还好意思这样说吗？知识、观念、话语体系，以更快的速度在运转，恰恰只有哲学，可以有效地插入这种运转中，逼迫它"慢"下来，把掩盖的东西说清楚。我有时开讲座，不讲哲学有什么"无用之用"，而是要身体力行地告诉你——它就是很有用的。你可以用它思考物联网、共享经济、区块链、人工智能，等等。你看蓝江老师，他最近在写一篇关于"数字资本主义"的文章，我觉得很好啊，这就是一种哲学介入时代的方式。我们如果不参与，哲学界就失语了。如果我们作为老师不发声，哲学这一块是失声的，话语权就全在当代"数字精英"那里了。上海图书馆邀请我今年十二月三十号做一个年终盘点的演讲，我说好，正好和罗振宇次日同样在上海的跨年演讲PK，为"时间的朋友们"提供哲学界的声音。哲学家要站在舞台上，聊聊我们对时代的"号脉"。

最近我评论阿里巴巴"双十一"的视频节目，阿里朋友告诉我他们高层也在看。齐泽克就是这样，他可以将话语倒逼至好莱坞导演那里——导演拍了自己最满意的片子，一定要看齐泽克的影评，不然会觉得缺少了什么，很不过瘾。这才是真正介入大众文化。这就是"精神分析"：你拍了一部电影，你"本能"觉得这么拍会很赞，却还是朦朦胧胧，不知道具体好在哪里，完全"无意识"，直到听完齐泽克的分析，你才恍然大悟——原来我是这样在拍电影，原来我还有这样的深度。通过分析师你才获得更深的自我理解。

李子俊：可以看出，齐泽克对您影响极深。您是怎样和他相遇的？回溯往日，您又是如何投身哲学的？

吴冠军：我的经历比较曲折。在大学时，我学的是行政管理，毕业后做过互联网公司，做公司的过程中愈发感觉自己"身在曹营心在汉"——生命中的满足感不来自商业，而是晚上一个人看书时，用各种理论工具来思考面前的问题。人生就是如此，你不要怕走弯路，一路科班走下来，顺风顺水读哲学，未必是好事。这样一路读学位读上来成为学者，其实说得难听点：太容易了，因为你没有其他尝试，没有真正"进行选择"。

后来我清楚地知道：做商人不适合我。商业，要求你必须会讲故事、吹愿景、添油加醋，即使你心里没底也得这样。经济就是如此，它不会慢慢衰退，人家如果看出你没底，就立马撤资，你就瞬间雪崩。你看乐视，他们一开始搞得很大，但忽然之间工资都发不出了。乐视是扳不回局面了，因为所有人都不会给它机会了。这就是商业。那些年我也愈发明白，我无法看着别人的眼睛——即使自己没底——告诉他"这样是对的"。

整个现代性所缺乏的，就是哈贝马斯所指出的：真诚。之后我去澳洲留学，因为澳大利亚给了我一笔全额奖学金，我觉得挺好。很多人认为，澳大利亚处于英语学界的边缘，当时我也这样认为。后来我发现，不是这样，你不要以为世界是平的，澳大利亚恰恰由于自己的边缘处境，所以总想着要变革、充满张力，很多前沿的思想话语，都在此汇合——福柯、德勒兹、巴迪欧，他们是怎么进入英语世界的？全都是通过澳洲进入。澳洲没有"端着"的感觉，有新思想出来，可以很快接受。相形之下，美国的哲学其实非常经院。当年美国愿意和欧陆产生对话的学者，全都被排挤出哲学系，著名的就是罗蒂——你罗蒂没事跟福柯对什么话？福柯那东西叫哲学吗？——罗蒂一气之下，顿足而走，到人文学院教书去了。罗蒂是背叛哲学大本营且成功的一个，如果不成功呢？就没你这个人了。德里达当年去美国访学都只能去比较文学系，哲学系的大门都不给进，因为如果承认你讲的这些算哲学，那我们这些老古董还算什么？守土意识，总会变成个人仇恨。我的书出版，齐泽克告诉我他要写段话，但他又笑着说：这可能带给你麻烦。因为他敌人太多了，把他的话放在我的书后，他的敌人也都变为我的敌人了。齐泽克到处游牧，别人像躲避瘟疫一样躲避他。

我到澳洲后，认识了我的导师 Gloria Davies，通过她，我首次触到齐泽克。那时才真正感受到学术进入生命的快感——你研究的不是概念，而是看到概念在生活中起舞。当一个思想家的概念在你的生活中飞舞时，你才发现了对思想的真爱。我在《激活你的日常》新书发布会上说，这本书远远不只是我写的，其中有无数滋养过我的人，在通过我的笔一起说话。所以你才知道学术的抄袭是多么可恨——你明明有那么多的思想来源，却把他们的名字擦掉，变成你自己的。正如拉图尔所说，个人只是网络中的一点，我的行动不是我的，而是很多力量通过我形成的合力。福柯说"作者之死"是对的，死，不是作品真的彻底没有作者，而是作者在创作时就要明白，是什么成就了他。我就不点名了，当下学界的一些人，喜欢摆弄神神鬼鬼的名词，从不交代自己的思想来源——这就是知识的不真诚。"你要的是崇拜，不是谁的爱"——这怎么可以呢？

我们的这次访谈，就可以视作我对齐泽克的一次致敬。

李子俊：北大有位老前辈，他说自己不介入大众媒体的原因很简单：受不了别人骂他。三百五十年前，克伦威尔受群众拥戴欢呼时，对身边知己低声说：等我上了绞刑架，他们也照样欢呼。结果证明，克伦威尔的预判是对的。在很多精英看来，大众是麻木、健忘、愚昧、畏威而不怀德的一群人。对他们，你只能利用，不能为伍。您很有勇气，努力使哲学介入公众，但在此过程中，也少不了被泼脏水吧？如何避免被众人反噬？您又是如何化解的？

吴冠军：我举个身边的例子——高晓松。他的家庭背景、自身的知识结构都很好，他是一个很用心的人，对知识有一种发自内心的爱。当他渐渐进入公众，忽然发现，公众、网络里有那么多不友好、非理性的声音，我相信他一定曾为此痛苦过。而他的助手给他支了一招：不要抗拒，学会自嘲。他突破了这个关隘，就是学会了自嘲，还不等别人黑他，他自己提前说，"我是矮大紧"，人家一看你都这么说自己了，也不好意思再黑你了。柏拉图有个词很好，叫"下降"，哲人下降到城邦。当你自恃清高、端着的时候，谁愿意看你臭脸呢？你能够像苏格拉底一样，拉住一个路人，好好谈论一个问题吗？当高晓松抛去这个包袱，他的人设、节目，一下子就很受欢迎。施特劳斯学派总爱用一个词："庸众"。想想看，你用这种词说别人的时候，别人将怎么看你？单向街的许知远老师遇到的，不就是这个问题吗？你觉得自己是知识分子，觉得这个时代浅薄，"90后"都完了——"90后"马上回答，你才完了呢，"70后"去死吧。这样大家就都没话说了。

知识分子与公众有两种关系方式,一种是做判断——这时代物欲横流,很糟糕,我要唱挽歌;另一种我称之为分析性与批判性——我进入公众,但不是审判你,说你们糟糕、我好;而是拿出我的分析,真诚地告诉你我的看法。你觉得我说得有道理,可以来听。这就是一种很积极的力量。你说公众浅薄,不读莎士比亚,你可以邀请他来读;他没兴趣,你可以讲一段《三体》再讲一段莎士比亚——关键是你愿不愿意这样做?你说"奇葩说"很无聊,那你作为知识分子,也可以上去聊一段,让观众自己判断。你说观众是非理性的、受那些一把鼻涕一把泪的奇葩辩手左右,但你想过没有:真实的世界就是充满非理性煽动的。鼻涕眼泪从来是一种有效的说服方式,你对它不满,那你能否采取理性分析的方式,在同一平台拆穿它?——对公众,要邀请,不要拒斥。

李子俊:从一个群体到另一个群体,还有一种风险是:猪八戒照镜子,里外不是人。从学界进入公众的人很多,但绝大多数都遭受着不同程度的学界的鄙夷。当下的学界是否足够包容,对您的"背叛",是否有过敌意?

吴冠军:一开始做"激进阵线联萌"时,我们确实很紧张。但现在我可以很公开地说:我们得到了很多学界前辈的支持。很多老一辈学者，可能没有精力与渠道做这些事，但他们很乐见新一代学者出来打通与公众的联系，因为他们对此现状也是不满的。任何一个真正有关怀的哲人，都不会满足于哲学系那一点事情。

当然，可能会有一些其他声音，说你们凭什么与众不同？这都是正常的。当你变成了一个"网红教授"，你要想一想，自己是否仅仅是"网红"？如果你的学术发表非常过硬，学问很棒，那你在介入公众时，完全会收获另一种评价。今天有不少学者，学问做不出来，然后绞尽脑汁走"网红"路线、做综艺节目主持人，人家一看，你十几年没发表过论文，却顶着个名校老师的头衔，在外混吃混喝。这种人怎么会受到学界尊重？如果周濂老师没有自己绝对过硬的学术发表，仅在线上做喜马拉雅网红哲学课，当然会被人看不起。如果我没有大部头的研究著作放在那里，一篇又一篇高质量的学术论文不断出来，人家当然会毫不客气把你归到前面说的那一类综艺教授里去了。"激萌"的几位老师对此达成过一个共识：既然出来做事了，就要更加勤勉、更要发表论文，要让学界知道我们是多么用心。

同时，我写的文章，从来都是先发表在学术刊物上，再由公共媒体转载。我要让公众知道：这就是学术，不是逗你玩的。我写"权力的游戏"、写"西部世界"、写桌游——这么写学术文章的人，学界并不多；我这样写，也是在挑战学术规则本身。我最近给《政治学研究》一篇分析人工智能的文章，里面却有一大段分析《西游记》与《封神演义》，另一大段分析《西部世界》以及《异形：契约》。这个政治学领域的权威学术刊物，应该是从来没有收到过如此跨学科的文章。我的信心在于，只要编辑部有足够开放的眼光把文章放入审稿程序，送出去外审，我相信就会有各种积极的意见反馈，因为学术质量本身在很大程度上仍是可以公度的，什么是有价值的学术作品，学界是知道的。这也是到今天为止，齐泽克为何没被那么多敌人"打死"的原因——他确实有学问。有些人不屑于与他为伍，但却在偷偷读他的书，心理还是佩服他的。学界多的是谈不到一块去甚至公开表示裂道而行、但关起门来心里对彼此怀有敬意的论敌。拉克劳与齐泽克后来公开撕成这样，但他们心里对方有多少分量是完全有数的。在国内学界我有几位研究施特劳斯政治哲学与研究罗尔斯政治哲学的朋友经常撕我，但我们彼此内心充满敬重。

当然，公众是完全另一种话语圈，很多学者宁愿和学者斗狠互搏，也不愿意直接面对公众发言和写作。今天百度搜索"吴冠军",下边出来的关联词是:"吴冠军泡妞"、"吴冠军女学生"、"吴冠军结婚了吗"这一类——很奇怪吧?我们确实要很小心,你介入公众,一定就会面对这种情况,但你得有所准备;没有准备,一定会受伤的。不要被这些声音打倒。

李子俊:其实这种介入,更接近哲学真实的存在方式。

吴冠军:特别好。齐泽克有个词叫"遭遇"——哲学就是由遭遇构成的。你之前没准备,但忽然遇见一个人、一件事,他的言行举止与价值观是你之前没见过的,甚至是你厌恶的——这时你怎么办?马云有"功守道",他的首富地位使得别人甘愿交手数合"败"给他,给他"捧"场。哲学家此时怎么"攻守"?你可以"掉书袋",但会发现无效,你原先的话语方式是自说自话的,并且别人没有意愿"让"着你、"捧"着你——所以你就紧张了,学者们不愿"下降"到城邦,不愿意再做苏格拉底。而施特劳斯派也一直用苏格拉底作为反面教材,警告哲人要保护自己,远离公众。

李子俊:"激进阵线联萌",自带"激进"二字——这本身就是一种价值偏好。一种偏好,又如何做到不"排他"？那些在本时代固守自我，甚至显得"可笑"的人，就没有自己的存在价值了吗？这似乎也不符合哲学的本意吧？

吴冠军：你切入的这个点非常好。如果今天讲"左翼"，你会从这个词出发，产生一大堆联想。"激进"也是如此。到底什么是激进？夏莹老师有个观点：激进就是彻底。很多时候，你明明可以做出更进一步的追问，但你停止了；你明明可以对一件事有所批判，但你满足了；你明明可以介入这个时代，但你逃避了——这是我们不愿意看到的。这个意义上的"激进"，其实非但不"排他"，而且还是邀请性的——邀请从各个角度出发的对社会的介入。为什么"激进"对我们重要？福柯讲"启蒙"有两种层面，一种是"规范性"的——符合理性、道德原则等一组规范性价值的启蒙；另一种是态度，一种对现状永远的不满、永远的批判。

"激进"是一种彻底的追问。在这个意义上讲，激进也是一种态度，它没有排他的、具体的内涵。有次我和周濂老师对话，他问：自由主义和激进有什么区别？我说很简单，当自由主义觉得现状已经很不错了，满足那一组规范性价值的时候，我们还不满足。福山说"历史的终结"，科耶夫说"历史的马达已经关掉了"——因为他们觉得人类该有的都有了，该说的都已经说了，剩下的都是小打小闹、小修小补了。在这个意义上，齐泽克说"福山必须被打倒"。我对周老师说：周兄，当你觉得不错时，我还得继续往前走。他也很幽默，想了想说：我没有不让你往前走呀，你快走，你快走（笑）——这就是我们的区别，但我们一直都在走。

李子俊：列奥·施特劳斯对"激进"似乎有不同看法。激进作为态度是可取的，但它一旦变为现实力量，往往会与政权形成紧张关系。他的《迫害与写作艺术》，书名就很能说明问题。激进，在纯粹彻底性的要求下，也是"玩命"吧？

吴冠军：施特劳斯是我很喜欢的一位政治哲学家。他的很多看法极有洞见。刚才我说到"下降"，施特劳斯的意见是：结果苏格拉底下降一次就死了，"庸众"不会理解哲人，于是我们只能用"高贵的谎言"糊弄他一下，保住自己的性命。

今天的时代很不同：你越怕，就越逃不掉。你不要下降，可是高处在哪呢？像齐泽克一样，你只能借力打力。阿甘本有个词很有趣，叫"profanation"——污浊化。你要敢于污浊化。很多事物都自命神圣，你要使其污浊。你为什么会被人干掉？因为你自视唯一真理。柏拉图学派骨子里是自命清高的，他们认为智性上人和人没有平等可言。今天这种态度是不可取的，我们先诚实面对问题本身，少一点精英意识。这样不算是"玩命"吧？

这个时代主流媒体所追逐的那些"牛人"，但在哲人眼里一点都不"牛"，甚至毒性很大。这是无可避免的。我的建议是，你先不要从云端发声，宣布这个时代已经没救了，而是污浊化自己一下，也与这些人到同一平台上，用你的分析把各种话语背后的毒性剖析出来，让别人看到哲人的"真牛"。这个时代，"赞"是要别人给的，不能自己或小圈子自我贴金。哲学当然要有自己的尊严，但我想说的是，这个尊严不应该在起点处就"自带"，我比你高一头，而是在终点处收获。前者实际上跟富二代思维无异，后者才是真正对哲学怀有尊重与信心。

李子俊：一个老问题，但却是个重要问题。您现在最大的困惑是什么？

吴冠军：你的问题都很好，我们回到人生谈吧。我现在就觉得，有很多事想做——刚才和你吃饭，感觉你二十二岁真是美好——可如今，我想做的事和肉体所能给予的支撑，发生了矛盾，且越来越剧烈，每天像打仗。

我们"激萌"的几个老师,实际上在做一种"拓荒"工作。以前你可以直接做一个哲人,但你今天首先得是个学者。所以我拼命发论文、给学校争取"人才计划",这不是我俗,而是这些恰恰是我做其他事的前提,所以等于在做两件事。这时,你会明显感受到生命的"天花板"在那,总共你就这么些可支配的精力,我又是做了就要样样做到精做到好的人,真的会感受到真切的生命性限制。我对此能做的,就是割舍,挑对这个时代最有意义的事做。

我能感觉到,自己在为哲学这个古老行当的后来者打拼,这是幸福的。我想告诉他们:哲学不是一件陈腐之气熏天的老古董,不是云端上摸不着够不到的玄谈,它确实有用,对这个时代有用,对你自己的生命有用,能使你的生命变得丰满、变得精彩、变得充满激烈的绚烂。

像德勒兹一样阅读

关于如何阅读，古往今来有很多名人名言，其中最有名的，恐怕要数孔子在《论语·为政》中留下的名言——"温故而知新，可以为师矣。"不过若细究之，该名言在论述逻辑上包含着两个环节，因此便产生出如下两个问题：(1) 为什么"温故"便能够"知新"？(2) 为什么"温故而知新"才可以为"师"？不幸的是，两千多年来，竟鲜有人去认真推敲这"至理名言"如何成立。尽管如此，却丝毫不影响这句话成为《论语》最广为人知的名言之一，时至今日，不要说"80后"、"90后"、"00后"，甚至"10后"的稚子亦能吟诵也。

由于孔子说完这句简洁的名言后再无相关说明或官方阐发，因此老夫子本人是怎样想的，我们不得而知。但放眼周遭的现实社会，我们便会发现，这两个论述都不大符合我们的经验观察。大学里那么多教授每天在做着"温故"的工作——对以前思想家的著作进行"通读"、"精读"、"细读"、"重读"、"深度阅读"、"经典阅读"……然而有几个人从这样的"温故"中真正提出"新知"？已故学者邓正来先生在对当代学界"知识生产"的反思中，特别指出在这种机械复制式的垃圾生产中，学者们实质上只是"复印机"，"他们认真且严格地复制着根本'没有他们'的各种观点或理论，进而认真且严格地复制或放大着根本'没有他们'的各种问题，甚至是理论问题。"巨量的关于已有文本（原典、经典……）的"研究著作"，每年涌向过度饱和的图书市场，然而学界的"知识增量"却毫无增加。这些"复印机"作者尽管温故不能知新，但一个个都是"著作等身"的大学教授，一个个都在"知识流水线"上教授学生乃至社会大众。

面对这样的现状，我想到了法国哲学家德勒兹。这位可以在二十世纪哲学殿堂里排进前十的大哲，毕生写了一大堆书，原创性地提出了一大堆概念。然而这位哲人真正进入我的生命，则是当我发现在那堆充满异域气息的新奇概念背后，德氏的思想见解可以为孔子的那句名言提供一个很有分量的学理论证。

德勒兹的核心概念，就是他从写《追忆似水年华》的著名法国作家普鲁斯特那里继承来的词汇："虚拟"（the virtual）。顾名思义，"虚拟"就是没有成为"现实"的东西。但在德勒兹看来，"虚拟"却并非不真，而恰恰比"现实"本身更真实。这怎么说？

在这里，我们不妨用"眼睛"作为例子（这个例子的原创版权属于当代哲学家齐泽克）：人的眼睛在形成视觉的瞬间，以某种方式将光进行简化（如感知为某种颜色、某种物体），形成视觉感知上的"当下现实"。而真实的光束本身，恰恰指向"当下现实"之外的无穷可能。现在让我们再以阅读（"温故"）为例：一个古典文本也同光束一样——其身处时代的历史现实，将它简化为某种固定形态。而文本本身，恰恰比它在现实中的教条化理解，要丰富得多。然而由于它所包涵的无穷活力并未在现实世界中得到落实，所以仅仅只是存在于它自身的"虚拟"向度中。就拿《论语》、《老子》这样的经典作品来说，在它们的"虚拟"向度中，凝聚着无穷的未进入历史现实的可能性。新（the New）出现的时刻，就是一个作品克服并越出关于它的各种既有的历史性理解的时刻。

"虚拟"，对于德勒兹而言，就是同时在过去和未来中持续存在、但始终未成为"现实"的真实。因此,"虚拟"远比"现实"更丰富:虚拟里面恰恰是无穷的未实现的经验,正如光束本身,远远比眼睛所经验性"看"到的内容丰富得多。而"现实",只是虚拟向度里无穷的可能性(无数可能的真实世界),被压缩成为一种可能性(现实的世界)。在这个意义上,我们的过去,不能被缩简为那个由过去所发生过的事情集合成的历史现实,它还包括"虚拟的过去",即,被历史现实之进程所拒绝的所有东西的总体。"虚拟的过去"的各个层面,构成了一个推动我们创造全新的无穷资源。这个从虚拟到现实的转化过程,就是由故创造新。在德勒兹的存在论中,只有两种向度:已经发生的(被现实化了的),与将会来临的(虚拟)。

于是我们就可以看到,今天网络数字时代所鼓吹的"虚拟现实",同那充满无穷真实资源的纯粹的"虚拟"毫无关系:它只是一种更低层次的对"现实"的模仿——通过一种人造的技术媒介而再生产出某些类似"现实"的体验。换言之,"虚拟"远比"现实"丰富,而"现实"又远比"虚拟现实"丰富。是故,在现实中但想越出现实的人们,实际上就可以有"往前"(进入数字技术创造的"虚拟现实")和"往后"(进入凝结在过去中、但被"现实"所压制的"虚拟")两条路。两者相较,高下立判:"虚拟现实",就如同今天那些只会机械复制生产垃圾的教授们,纯然只是低级模仿性的再生产;而如今的数字化时代,正如我们所见证与目睹的,正在变得越来越"脑残"、越来越"二"。正是在这个意义上,一种德勒兹式的伦理学便是:与其到模拟仿真的虚拟现实中醉生梦死,不如到真正无穷丰富的虚拟世界中开创全新;与其在今天做个数字化"脑残",不如去做个传统落伍的儒者——温故以求知新,继往则为开来。

"温故而知新",就是德勒兹所说的最纯粹的"重复"(repetition):不是去重复过去是怎样,而且去重复内在于过去之中、但被过去的历史现实所背弃的虚拟性。思想的创造,便在这种"重温"之中:去激"活"一个过去的思想家,就正是使他思想光束被当时历史视野所简化阉割掉的内容,重新被读者的眼睛看到。这就是不同于机械复制的真正的思想研究:一个过去的文本,当越出各种历史性的教条理解而重新刺入当下现实时,它恰恰就是新。温故而知新,才是真正哲学性地阅读。德勒兹所说的哲学阅读,实质上就是在重新"温故"中,去让新降临,使过去的文本在当下现实中重新显现。那是从地层底部涌上来的幽灵

哲学,是一种生活方式

性刺入，那是遥远宇宙里死去的恒星所发出的耀眼光芒。

"温故而知新"，便正是对应德勒兹所说的"圣母怀胎"（Immaculate Conception）。德勒兹形容自己对哲学文本的阅读，是在帮助原作者生下恐怖的小孩："这个孩子将是他自己的后代，但却是怪物般的。是他自己的孩子这一点很重要，因为作者必须说我让他说的东西。但这个孩子也注定是怪物般的，因为他从各种位移、滑动、脱节、隐秘的喷射中产生出来。对此我非常享受。"这首先是一种严格忠实于文本的阅读（孩子是作者自己的），然而却远非"机械式"或"教条式"阅读，而是沿着该文本之内在结构、逻辑与轨道，将其推到它的临界点上，"差异"（怪物般的孩子）就在这样的地点形成。是故，对孔子来说，温故就能知新；对德勒兹来说，重复便生差异。

通过这种德勒兹式的阅读，我们就总是能从旧文本中阅读出新意，用德勒兹自己的话说，"一个人可以用想象一个长胡子的蒙娜丽莎的方式，去想象一个哲学性地长着大胡子的黑格尔，一个哲学性地剃光胡子的马克思。"阅读一位过往的作者，总是会在实质意义上改写其本人（即，改写关于其本人的"刻板印象"）。正是在这个意义上，在哲学家德勒兹眼里，一本真正关于哲学的书，会既像一本侦探小说（它的"情节"必须充满精密的逻辑分析推演），又像一本科幻小说（它看上去恰恰像是一本想象性的作品）。

最后，回到文初的问题。（1）"温故"，凭什么能够"知新"？德勒兹主义的回答是：故本身已先天地蕴含着无穷的新，当眼睛看出来（阅读出来）时，新就形成了。（2）为什么"温故而知新"，才可以真正为"师"？请试想：某君的"眼睛"看同样的对象，却能够看出不同，看出全新的东西，那么，唯此等人才能真正传播新知（才真正可以为师矣）。那些只会机械复制式地生产垃圾文本的教授们，一次又一次地告诉我们："太阳底下没有新东西。"实质上根本的哲学问题便是：阅读者有没有真正革命性的阅读视野，去看到太阳底下的全新，或者说，让熟悉的旧东西去形成全新。

附　录

能让学生对哲学
欲罢不能的"网红"博导

——华东师范大学"01哲学"专访吴冠军教授

01哲学："左翼前沿"系列编译了齐泽克、巴迪欧、阿甘本、朗西埃等欧陆哲学家,为什么选择他们?

吴冠军:我们翻译这些学者,很重要的一点是反思在今天如何去思考"左翼"这样一个政治方向或说思想脉络。首先,这套书是我和蓝江主事,自然有我们个人的兴趣投射,我们认为上述思想家的写作更新了左翼根本性的思考方式。

二十世纪末,全球进入了一个去左翼化的时代,我们进入全球资本主义秩序之中——我称之为"自由民主"与"资本主义"这个双身结构全面自我总体化的秩序,也就是此前福山所说的"历史的终结"。

一方面,自由主义、全球资本主义大获全胜;另一方面，后结构主义其实非常微妙地配合了这整个潮流，这两种话语形成了一个很好的合谋。历史终结了，整个哲学也终结了，我称之为"双重终结"。

为什么这么说？后结构主义之后，似乎有关宏大问题的探讨已不必要，我们讨论的方式已经非常细碎。支配整个二十世纪——不只是思想史而且是社会政治史的那些左翼概念和理念，都已经不再重要了，因为宏大叙事（grand narrative）本身已成为我们需要去反抗的东西。就此而言，后结构主义在哲学上产生了非常微妙的影响，这个影响导致我们不需要再重提那些旧有的解放目标了。换言之，我们今天的左翼总是聚焦在那些非常细微、非常在地化的具体事情，不再需要从大的方向上去面对历史的终结，不再需要同自由主义＋资本主义合谋的全球前景去做战斗。

一方面，我们宣称这个世界不需要再有一种新的、应为之抗争的另类选项；另一方面，我们也宣称我们仍然在战斗——但是在大的层面上，我们已经放弃了，我们不再与历史终结的话语直接对抗。在这种状况之下，我们所编译的这些欧陆激进思想家拒绝今天那种右翼保守的主流话语，从不同方面要求更新我们的左翼思想，将我们拉回到一个大的视野当中。

01哲学：相比二十世纪中国的左翼传统，这些欧陆思想的"激进"之处在哪里？

吴冠军：这就涉及我们选编这套书的第二点关怀，我们认为这些欧陆激进思想对于当下的中国很有冲击性。今天大陆的学术出版实际上是很繁荣的，学术界大大小小的译丛不断出版，但很多情况下不过是增加了新的思想话语，为知识市场增加了一种产品而已。我们希望通过引进欧陆激进哲学家的方式，拷问并改变我们今天思想和演说的方式，反思当下中国的处境。

二十世纪九十年代以来的二十多年，中国整个思想界话语要么是自由主义（化）的一派，要么是汪晖等人的新左派，进入二十一世纪还兴起"政治儒学"的话语。这三种话语，其实都没有真正对今天支配整个世界格局的主流话语提出一种具有原创性的冲击力。

我们今天的讨论，意义不在于回到自由主义，或是回到所谓"福利国家"意义上的左翼——那些是我们已经看得到或已拥有的东西，我们需要更激进地思考解放，或者思考左翼本身带给我们的意义——对于当下全球资本主义的霸权，我们首先是一个激进的不接受！基于此，我们才能真正展开话语领导权的抗争。如果你认为这套话语是世界上唯一的游戏规则，那么后面所有基于此而展开的细微论证、所谓的"抗争"，都是在宏大层面上去支撑这套话语的自我更新。这也是齐泽克的一个观点，倘若你没有在大的话语层面上进行大的抗争，那左翼已经不存在了。

当下中国尤其要有这个意识。从二十世纪开始，中国左翼一直在思想史上扮演了相当重要的、引领性的社会和政治力量，二十世纪的中国曾经是左翼思想的一个源头，它产生过非常有活力的左翼思想。在二十一世纪，"左翼"这样一个标签也好、符号也好，它如何重新跟社会和民生发生勾连？今天当我们重新清算这些历史时，我们往往把它一笔勾销掉；但是这些遗产如果能与当代的激进思想产生一些勾连的话，应该会有非常美妙的、爆炸性的话语生产出来。这套丛书，就是希望使当今世界最新的左翼思想跟当今中国的境况发生新的关联。

01哲学：激进左翼需要另类的历史和未来想象，它会介入和关注哪些重要问题？

吴冠军：看看今天全球的物质和非物质生产，我们面临饥荒、灾难与地区的不平等，一些人活得像超人，一些人活得连一条狗都不如——并且关键是，这个状况完全是人为的社会和制度安排所导致的。其实今天比一百五十年前马克思的时代，更值得去讨论如何改变政治和社会。倘若不去思考这样的大问题，而只是聚焦在眼前"微观"的东西上争论和抗争的话，那么这些抗争往往本身就被卷进大时代的车轮下面，被纳入既有格局的自我更新。

我们的社会到底出了什么问题？我们在这样的时代是要做一个合谋者，还是一个批判性的介入者？这才是重新定义左翼的一个目标。倘若只是在后现代主义的意义上做一个反抗——比如我是同性恋我就为同性恋而战斗，我是黑人、少数族裔、女性，我就为他们去战斗——这样就是左翼吗？还是说，我们要重新面对全球政治经济的最根本格局？这个格局是正当的吗？在这个格局下，未来的几十年会产生怎样的画面？这些思想家都是在这些大的层面去追问，今天的激进思想会一直介入这些。

为什么今天中国的思想家和学者要对历史的大画面感兴趣呢？就是因为我们必须要有一个大的视野，巴迪欧、阿甘本都对整个二十世纪做了有洞见的分析。但与此同时，我们也要对正在降临的未来做出介入——不只是我们所能看到的社会急剧变化，并且包括人工智能、赛博格的"后人类未来"。时间不多了，我们整个当前社会的既有格局，在未来二三十年将会发生一个实质性的变化，这个变化会导致人与人的差距越来越大,以前所谓的平等对话的基础越来越薄弱。

01哲学:互联网时代,我们展开公共讨论和平等对话的可能性变大了吗?

吴冠军:你看今天的新媒体,每个人都有社交网络可以说话,我们觉得那是很民主的地方;可另一方面,难道你不觉得整个话语权越来越集中了吗?当一个大V或者大公号推送一条内容,我们所有人都被迫聚集在一个其实很无聊的话题上,比如耗费几周的时间和注意力去谈论某个明星的情感八卦。可以讨论那些真正影响我们生活的问题的空间不断收窄。

对比一百年前,当时可能只有报纸,没有自媒体的自由空间。但是反过来说,在一个极度琐碎的大媒体时代,恰恰更容易导致话题的单一性。当一个事件将大家的注意力全部吸收时,作为一个自媒体,你若是不卷入其中,就会丧失大批流量;只有加入到合唱之中,自媒体才能发声。今天严肃讨论的话题比以往更少,要么就变成了"砖家"关起门的自言自语。

今天的英雄绝对不是从前苏格拉底、柏拉图那一种,也绝不是二十世纪的革命者,今天的英雄是那些定义未来的数字产业的精英，他们在不断告诉你未来做什么工作才有前途。如果我们这些学者缺乏回应能力，不去介入这些论争的话，"未来"就会被"数字精英"牵着鼻子走。重要的只是这个时代占有话语资源的人，所以我们的治学方式就是介入这些论争！在话题中激进地打进去一个完全不同的方向，把话题引导到我们对未来的重新定义之中。

01哲学：哲学家如何有效地介入公共话语，而不是仅仅搞一些曲高和寡的东西？

吴冠军：所以，我个人非常喜欢齐泽克这样的人物，他巧妙地运用了很多当下时代的热点话题，来推进我们的严肃思考。今天做学者不像以前那样有光环——大学教授的身分直接就能取得一定的社会关注。当你的话语进入到封闭的学术圈之中，成为象牙塔内的自我生产，那么一方面你可以活得很自嗨，你可以评教授；但另外一方面，你也真正丧失了跟公众的话语对接。

齐泽克的写作就是要破除学院化的藩篱。他的很多作品，一些学院人接受不了，但今天我们已经意识到，他的很多讨论本身是相当学术的，只是他永远以一种去学院化的方式展开学术的讨论，带入各种各样鲜活的日常话题。为什么他的著作可以一直写下去？有人说他不断重复自己，确实,他重复很多,但问题是,他总是立足于新的话题进行重复。

01哲学:你说哲学家的介入,主要是指话语层面?

吴冠军:学者的方式永远是话语性的,话语本身就是行动。我们没办法像企业家那样通过资金运作来发挥影响,但可以通过介入时代热点的讨论,来改变当下的话语生态,把学术带入公众。

今天我们一些主流的政治哲学和分析哲学学者,对大层面的问题根本没兴趣,而只聚焦在技术性的琐碎问题里面。比如,他们会在学术会议上讨论罗尔斯《正义论》之中很细节的行文,讨论罗尔斯回应别人某一个批评的特定措辞。但更重要的问题,实际上是如何在今天像罗尔斯当年所做的那样,将自身理论构建与论证同时代的社会-政治大背景紧密关联起来。我们回头来看,罗尔斯的工作为什么有意义?因为他的写作跟二十世纪七十年代后期整个社会运动和平权运动都联系在一起。但在今天,那些研究者笔下罗尔斯的这些话语变得跟时代没有关系了。

很多时候,在一些看上去"高大上"的学术会议上,参与者本人在听另一个参与者的发言时都会产生疏离感:我们是在干吗,在我们一本正经地念稿子时,这个动作是不是很滑稽……要近距离捕捉这种疏离感,只需要到学术会议间歇的饭桌上,就每每能直接遭遇。不少人批评新时期以来的所谓"西学繁荣"只是二道贩子的狂欢——虽然尴尬,但很难反驳,确实很多研究陈旧不堪,拾人牙慧,并且研究者只用中文写作,完全没有意愿和自己所研究的"对象"产生实质性的"主体间性"……

正是在这个意义上,我们可以从齐泽克那里学到很多。确实,齐泽克总是在说拉康主义和黑格尔主义,但他的贡献恰恰在于,如果没有他对这些旧日理论的重新"激活"、把它们重新与今天的整个世界相联结,那么这些话语可能真的就死掉了,早就跟时代没有关系了。齐泽克、巴迪欧这些人的思考,和今天的世界局势诸如难民问题、恐怖袭击、生态危机以及生物医学与数字技术突破等等联系在一起;阿甘本这方面做得少一点,但他的学术基底仍然与今天的时代话题相扣连。齐泽克对每个政治大事件、文化大热点都发表评论,做出深入的学术性分析。相比而言,当下中国、港台乃至整个汉语学界真的很弱。

01哲学:这是你们成立"激进阵线联萌"公众号的理念吗?

吴冠军:对。"激萌"成立差不多一年了,我们正在搞一周年的派对。这个名字最初来自我和夏莹、蓝江老师做的讲座。在转成公众号的时候,我建议改一个字,"盟"变成"萌",后来事实证明,这个字改得非常成功。

在公众号上写的文章虽然不计入学术成果,但我们公号一旦发了什么新电影或新剧的哲学评论,马上就有媒体要转载——这种传播和影响力远超过学术论文。浙江大学说把网络跟学术研究结合起来,如果学术文章在某些微信公众号有"10万+"的阅读量,就算做核心学术期刊的发表——当然这个规则太可怕了,遭到很多学界的抵制。不过,我们想做的正是把学术与这个时代相结合,做出具有学术品格与批判视野的激进介入。很有意思的是,现在传统学术界的许多前辈也开始认可我们,支持我们的这一努力。

新媒体时代追求两三千字的阅读快感,而学术如何与这样的话语生态展开互动、进行结合,本身就是一个很有意思的实验。今天很多人不愿意读文字,我们做学术也可以适应这种习惯:不看书,那我们来看视频吧!今天的知识分子要不断思考、更新自己言说的方式。如果受众对你的东西无感,换言之,你不能吸引年轻人参与到你的话语当中,那么你就失败了。

01哲学：今天是不是需要更多"电视哲学家"，更多明星哲学家？

吴冠军：我都不会用"电视"这个词，没有多少人在看电视了。我跟夏莹老师、蓝江老师在策划一档哲学综艺节目——是网络综艺而不是电视综艺。今天腾讯做的综艺节目有几十亿的观影数，整个中国就这么多人口。

这才是当今时代的东西，倘若你不去占有它，你就失去了它。其实哲学可以很好玩啊，但人家不知道你有意思，你很好玩。所以说如果你不提供精彩的东西给观众，而只是去批判现有的节目都是垃圾，根本就没有意义的——有的时候所谓"左翼"就是这样。

那些大众八卦话题，如果你去分一杯羹，就可能把它们引向完全不同的方向，让受众们意识到原来还有这样一种思考问题的方式，可以冲击到整个主流的言说方式，这才是我们学者真正需要做的。我们所译介的那些欧陆思想家，他们并不完全是学院的，我和我的朋友蓝江、姜宇辉等等觉得这个工作才是真正有价值的。

01哲学：新媒体时代的好玩的哲学，可以怎么做？

吴冠军：今天的时代是视频的时代，做网络媒体一定要赶上这个时代，不能落后。现在是流量经济为王，好，那我们就让好玩的哲学好玩起来!

之前的读书节目(比如梁文道老师)对待学术的方式往往一本正经、苦大仇深,要你把日常生活中的琐碎放下来读这些严肃的东西,正襟危坐地面对前贤——这种风格跟今天的年轻人已经有些遥远。如果我们做的话,就应该把那些逝去的前贤邀请到今天生活化的场景中。

比如,我们来一场哲学主题的桌游:你要"杀"我必须要有一个哲学的理由。把康德邀请进来,把齐泽克邀请过来,大家一起玩一场"狼人杀"的游戏,这就很有意思嘛!这种节目会没有人看吗?比如蓝江老师说,我采取哈贝马斯式的理由:我必须要对别人真诚(sincerity);那么夏莹老师这位准鲍德里亚主义者可能会回应说,你这种乌托邦式的理念肯定不成立,因为在"狼人杀"这种真实的博弈空间里面,存在多重的欺骗,你要怎么保持你的真诚而不被人杀掉呢?好,那我们先杀掉一个人试试看。所以我们把蓝江杀掉了,他代表哈贝马斯,被杀后就黯然退场。我们几位都是名校教授,大教授们亲身下场哲学性地"杀人"和"被杀",那么这个节目本身就有话题性,会火爆。

这个时代,你不火爆,就会被别人爆掉,你火爆了之后,所有你讨论的话题就会被别人关注。齐泽克走的就是这条路，他首先成为"学界的猫王"。他火爆之后，他的很多严肃政治分析和激进话语，就变得有抓取媒体流量的力量了。他有很多列宁主义的东西，但如果他只是一个学院派，那在当代西方没人会睬他的，如果不是封杀他的话。

01 哲学：挖流量经济的墙脚？

吴冠军：新媒体就是今天新闻传播的主导形态了。你如果还只是以传统纸媒形式思考，你是做不了好记者的。今天你身为一个记者连有趣的标题都不会取，怎么吸引人来看呢？你写一篇很严肃的东西根本不会有读者！像鲍德里亚说的，海湾战争没有发生过，你这篇文章根本就没发生过！

今天我们所知的大部分事情，不是亲眼所见和亲身体验，而是耳朵听来、信息读来，尤其通过视频化的东西，我们才"认知"到今天发生了什么事情或事件，只有不断被转载，才能被看到。做学术也是，没有人对你陌生的术语感兴趣。

今天做学术就是要介入当下的热点话题、主导性媒体，学术和思想是有快感的，我们要把这份思考的快感插入到时代中。很创痛的时刻容易做到"痛定思痛"，但同样重要乃至更重要的是在日常生活那些吃喝玩乐中激发思考。我教书也是这样，学生听完笑完以后，回味一下，其中原来有很多严肃的内容，他们始于追王宝强薛之谦的八卦，终于爱上哲学不能自已。

01哲学：现在哲学家做"网红"已经是一种激进的行动？

吴冠军：前几年我们把"公知"这个词说滥掉了，今天"网红"这个词也差不多，都是贬义词了。反过来讲，什么叫网红？网红找到了这个时代最主流的传播方式。通过这个方式，他/她把自己的信息传播了出去，它被人看到了，它是visible（可见）的。纸媒时代只有精英能发声，媒体找教授写文章，知识分子自然而然被推到前台。在二十世纪八十年代的中国，大家听知识分子的指引，因为整个出版业支撑着你们的声音，你们占据各种媒体的位置。三十年前，你在《中国青年报》发一篇文章保证有一千万人会看，该报二十世纪八十年代初搞个"读书与求知"竞赛收到答卷就有五十万份！那个时候像《读书》这么精英的杂志，估计每期传播面都超过100万人。但你今天在这些著名报刊发表文章，可怜呦，真的没有人看！

什么叫激进？我们不满足于既有的现状模式，不断尝试推动它的边界，并以彻底的方式实践之。激萌的小编说，现在已经有很多赞助商找我们，因为我们的读者都是校园里最思想活跃的大学生以及研究生或更为高端的人才。再比如最近，有影视制作公司通过公众号找到我，希望邀请我帮他们深挖一下手中几个项目的剧本内涵——就像我之前写过那篇《权力的游戏》与政治哲学的关系那样。制作方希望最后投入制作的项目不只是毕志飞《纯洁心灵·逐梦演艺圈》这样的作品。虽然这个邀请我还没答应下来，不过试想一下就很有意思。你想，电影投资者和制作者意识到深度哲学分析对于一部影片市场成功的意义，本身不正是很有意思的一件事？

齐泽克就是一个典范，他在好莱坞地位很高，很多好莱坞导演拍完电影后就邀请齐泽克来看。这些导演听他发言之后，幸福得不得了，恍然大悟发现电影里还有这么多连自己都不知的内涵，竟然还有拉康或黑格尔的理论。比如最近《敦刻尔克》很热，微信被这部电影刷屏，我就接受腾讯新闻邀请做了一个热点分析节目，详细谈了我自己对它的分析和解读——很可能连导演本身都不知道还有这种解读，我用这种方式向诺兰致敬，又用这种方式让学术介入了当下热点话题。

01 哲学：这么爱齐泽克啊？

吴冠军：我觉得齐泽克很了不起，他尝试了很多学者没有去尝试的东西，独自发明了各种加入时代发言的方式，这个时代通过他的介入同哲学与精神分析发生各种深度"遭遇"。他把学术变得好玩，而他自己那些激进的东西就在受众的享乐中一并抛了出来。

当年，福柯、德里达那一辈的哲学家还有很大的公众影响力，到巴迪欧这代人就没有了。巴迪欧说数学本体论，喂，谁要听你的呀？可是我们却都看蔡康永！齐泽克还是位伯乐，巴迪欧等哲学家的世界知名度都是齐泽克一人带出来的！1990年代后期，齐泽克在三四本书里不停引用巴迪欧、朗西埃，把他们成功推上前台。齐泽克推巴迪欧，那我就推蓝江。

01哲学：对在港台做哲学的年轻人有什么寄语？

吴冠军：要相信我们这个时代有很多可能。不过，千万别把学术做死了，在公共媒体平台做学术不只是出文章和一些转载，要做就要做出新媒体时代的形式，把学术与这个时代的关键话题和主导性传播形式结合起来。

今天，大家对学术文字缺乏耐性，比如你出一篇德勒兹的长文，能吸引到的只是本身就对德勒兹感兴趣的一小撮人，但你不可能预设全部受众就是这些人啊！你要真正把读者的范围打开，要让更多人听到你的声音。同样，作为媒体你们也需要流量啊是不是？有流量就会有赞助，有钱就可以找到更好的制作团队，邀请到有话题性的名人，做出有品质的内容以便更好地传播。

在港台做哲学，你们可以把本地话题放入讨论中，把汉语读者和观众都吸引过来，变成流量。我们"激萌"的几个老师都很有媒体经验，可以把严肃的学术讲得非常有意思。虽然现在还是散兵作战，但已经做过很多直播、TED演讲乃至"网综"节目了。比如我前面提到的那个腾讯新闻的热点分析节目。他们很聪明，把一个很长的视频节目剪成好多个小视频，观众没有时间看完一整套节目，但这些小视频就像病毒一样传播开来。

今天就是新媒体的时代，没有人在意就是没发生；今天比任何时代更是话语的时代。你们做文化做知识的媒体，首先要使话语变得有趣。否则苦大仇深到最后，发现根本没有人在看你。

01哲学：当媒体舆论陷入政治话语的对峙与撕裂时，要如何维持理性深度的学术讨论？

吴冠军：好的学术讨论要不断迂回，谈问题有很多方式。编辑要懂得怎么引导话题，不要将人逼到角落里做非此即彼的选择，你如果接受这种选择立场、非此即彼的话语方式，那就没得做了——要么朋友要么敌人、要么公知要么五毛，那还谈什么对话、讨论？

亚里士多德讲"实践智慧"（practical wisdom），你再看拉克劳、穆芙的代表作《霸权与社会主义的策略》，话语也要讲究策略。齐泽克聪明的地方还在于懂得迂回地谈话，他一本书里有非常轻松娱乐好读的部分，一条严肃的学理先用三页的电影分析或日常意识形态分析铺开，不断迂回。比如谈南斯拉夫种族清洗，齐泽克就说我们先谈谈希区柯克吧，通过这个话题取消距离感之后，再绕回去谈真正的问题。没错，我们要通过思想的力量，先将那些直接支配我们的力量陌生化，留出思考的空间，而不是直接下结论或以立场区分之。

我们在上海，包括学者也好，往往只看到眼前这一亩三分地。香港和台湾的学者可能也有这个特征。这几年，港台过于注重眼前两股不可抗拒的力量，社会发展陷入迟滞，大家失去共识。话语本身变得面目可憎，越来越无趣。你要么是面目可憎的外省人大陆仔，要么是面目可憎的"港独""台独"，大家都面目可憎，这个地方就没有活力了。当大家觉得在这个地方自己一开口就陷入僵局，这里就会衰落。

不过，共识其实可以建立在很多框架下，除了文化、政治的框架，也有很多我们共同快乐的框架。我们谈这个不行，那不如就谈一个当下热播电影吧，甚至不如分享一个黄色笑话吧，大家捧腹大笑中先握个手，再讨论时我们就不那么针锋相对了。先不碰那些死结，聊聊别的，再回来重看那些令我们讨论得愁眉苦脸的问题吧。

2017年热点事件的 "冷思考"

——吴冠军教授上海图书馆 2017 年终演讲

最近一两年,我发觉一个变化:热点越来越多了。以前出现的几乎都是"全局性"热点,热点过去之后会有一个平淡期,直至下一个热点产生,再次引爆媒体。但如今,节奏却完全变了,我们甚至一个月内就会有好几个大的热点。2017 年热点实在太多,我准备选九个来讲,到底选哪九个,我也斟酌了很久。

其实,我们首先需要思考,为什么今天的热点会层出不穷?因为自媒体时代已经到来。自媒体时代意味着什么?意味着:媒体的话语权在分散,我们每个人都可以聚集起一批属于自己的订阅户。但问题是,这并不代表着多元,反而代表着趋同与集中。因为这是一个"流量经济"的时代,自媒体要做大,就必须在事件来临时,一哄而上。当大家都在讨论《我的前半生》的时候，你不加入这个热点，就会被取消关注，只有不停加入热点、投身时代洪流中的自媒体，炮制"100000＋"，才有生存力。所以从这个意义上说，我们这个时代的热点是越来越集中的。

这是一个热点膨胀的时代，热点爆炸时代。但与此同时，这又是一个热点被迅速遗忘的时代。一个热点尚未平息，下一个热点已经席卷而来，一个月里都可以三番五次地高潮。比如今年（2017年）九月到十月间，明星薛之谦经历了一次危急。我认为他如果真的"聪明"的话，其实不必做那么多"辩解"，因为这个时代最好的危急公关就是不公关。只要保持沉默，大家的注意力很快会转向下一个热点，你很快就会被大家遗忘。

我对2017年的诸多热点进行的此番思考，就是希望已经过去的2017年，不要那么快被埋葬至记忆的黑匣子中。已经过去了的2017年到底发生了什么？哪些东西值得我们回味？

第一个热词是，"**人工智能与未来时代**"。我查了一下"中国知网"，关于人工智能的文章就有一千多篇，像样的论文有五百多篇，研究成果呈密集爆发的态势。最近我还去广州参加了一个以人工智能为主题的年会，商界、科技界、政界、学界就这一话题进行了共同探讨，但听完之后我意犹未尽。大家都在聊人工智能可以给我们带来什么好处，对生活有什么提升，作为大国，人工智能对于中国的发展有多么重要。这些固然都对，但是如果仅仅停留在这样的思考层面，人工智能就只是各种科技发展中的一项而已，我们仍然停留在以往的思路上面。只是这样吗？我以为人工智能在文明意义上对人类构成了挑战，我用了一个词叫做"文明性的挑战"。换言之，人工智能绝不光是停留在技术、工具层面上，它可能会构成人类文明的"大变局"。

2017年上半年，AlphaGo给了我们最大的冲击。包括柯洁在内的围棋界众多高手，在AlphaGo面前全部败北。2016年，AlphaGo与李世石对弈时，李世石还赢过一局，而到了2017年，任何人都没能赢下一局。最让我心惊的是，就连心高气傲、不肯轻易服输的柯洁，在赛后复盘时也说，我看不懂它是怎么下的，看不懂它为什么这么下，但它就是赢了。这意味着什么？这意味着从今年开始围棋已经跟人类无关了。如果说，你虽然赢了我，但我理解你为什么能赢，那我们还在一个维度上，我还有超越你的可能。但是如今最厉害的棋手也无法理解AlphaGo，那以后小孩再学习围棋的时候，干吗还要去向人类高手学习呢？

你再怎么学他，离真正的高水准的棋艺，差得还是太远了。人类水平再高，一大半时间还得吃喝拉撒睡，但是AlphaGo却可以不眠不休地推演棋谱，自我磨炼棋艺水平。

而更关键的是，研发了AlphaGo的谷歌团队，在击败了一大批围棋高手之后的几个月，又推出了AlphaGo Zero。我将之翻译成"零度阿尔法狗"。"零度"这两个字起得太好了。因为AlphaGo Zero不再跟人有关系了，它不需要接触古往今来的棋谱，只需要知道围棋的规则，就可以从零开始自我养成，只需几个月的时间，就能变得所向披靡。

它打破了我们到目前为止对围棋的所有认知，提供了人类之前从未想过的下法和可能，这才是真正的智能，能够脱离人的智慧独立存在。所以我们要记住2017这一年，这是人类文明首次接受挑战的一年。

被誉为"现实版钢铁侠"的埃隆·马斯克曾于2017年9月，召集了一百多位人工智能专家共同发出公告，提出了"人工智能威胁论"，呼吁人们警惕人工智能的蔓延。他的论调非常刺耳，认为人工智能将会直接带来第三次世界大战。根据马斯克的说法，如果我们再不停手，人工智能将脱离人类的掌控。到时候你以为拔下电插头就能息事宁人，太天真了，你的思维跟它相差太多了，你能想到的一切早就尽在它的演算中，到时连想要拔插头都拔不了。

马斯克是走在这个时代科技最前沿的人，即便他的话可能危言耸听，但至少值得我们去思考。我首先要纠正马斯克关于第三次世界大战的说法。并不是人工智能直接挑起了战争，而是当我们把越来越多事情交托给人工智能，让其代替我们做决断后，我们的生活会越来越依赖各种APP和算法。今天，你以为你拿着手机是在自己做决断，其实是越来越多算法在帮你决断，人工智能帮你选歌、选书，做投资、选"匹配"的相亲对象……直至有一天，我们会很自觉地把所有的决断权都交给人工智能——当在它的推演中需要爆发战争时，你也习惯性地听从了它的判断。

当然，反过来，我也想说：如果人工智能将来真的产生了自主意识的话，我相信它们会说，挑起战争这个黑锅我们不背。我研究国际政治，当今的政治环境中，各种各样的危机，都可能随时引发战争。人类历史上的前两次世界大战怎么爆发的？不就是人判断出来的吗？人的判断力真的就比人工智能好吗？相比人工智能，反而是人类更不可靠，人类本身更容易引发世界大战。

人工智能对我们人类文明本身构成的挑战，远不止于此。人类在过去几千年中，形成了高度的种族自信，认为自己是地球的主宰。像在《异形》这一类的科幻电影中，我们听到最多的台词，就是外星人"入侵"我们的星球——我们早已认为这颗星球是"我们的"了。而当人工智能产生后，我们却发现，人类再也不能理所当然地自视为地球主宰了，我们未必是这个世界上最智慧的物种了，至少在很多领域我们已被人工智能远远抛在后面。从这个意义上说，人工智能为人类文明打开了一个新的视角：我们还能不能自傲地认为自己最文明，作为这个地球的主宰具有无可质疑的正当性。

这里我们想提及一部美国电视剧《西部世界》。我认为这部电视剧是关于人工智能的一个很好的寓言。人工智能真正的力量在哪里？马斯克认为不应再开发人工智能，因为它将置人类于万劫不复的境地。但是我觉得，他这么说是没有用的。为什么？因为在我们的时代中，人工智能为我们提供了大量的服务，并翻新我们的产业，简化我们的日常工作，这是好事。但问题随之而来，它提供的服务意味着商业前景，有商业前景就会有滚滚而来的投资。我们这个时代最严峻的其实是资本的增值问题。这一点上有钱人的感受反而更为深刻。普通人家就那么点钱，放在银行里也好，放在支付宝里也好，没有太多需要烦心的选项。

但当你掌握大量资金的时候，如果找不到盈利口，钱就死了。你必须不断寻找下一个盈利增长点，而在深度全球化的时代，盈利越来越难了，只有靠科技带动。人工智能所带来的新的服务，就是很好的盈利增长点，人们愿意为这些服务埋单，资金就涌过来了。所以马斯克再呼吁也没有用，只要有利可图，资金就会自然向人工智能的开发倾斜。有钱人都去做人工智能了，更多相关产品会被开发出来，就会创造更多的服务，再带来更多的收益。

有时候我只能打个悲哀的比方：如果哪天人类真的被人工智能取代了，也是由我们今天的盈利逻辑一手造成的。我们眼睁睁看着它不断成长，为我们提供服务，并有朝一日将我们的主宰地位推翻。但是《西部世界》给我们展现了另一番景象。"西部世界"就是一个主题乐园，游客在乐园中可以烧杀抢掠无所不为。每隔一段时间，那些任人蹂躏的人工智能服务员，就会被清理一番，再重新投放回来，继续服务。这就是一个非常宏阔的人工智能的服务前景。

由此我们反观人类自身，我们觉得自己衣冠楚楚，人模人样，但别那么自信，人类的行为之所以文明，只是因为我们如今这个时代，残忍行为的成本越来越高。所以，真正考验一个人是否文明，要看他与非同类相处的时候是什么样的。在电视剧《西部世界》中展现得很清楚，前一秒还是白领阶层的绅士，下一刻面对人工智能服务员，就无恶不作，就因为对方不是"人"。在现实世界中，他是无法做出这种行为的，但是在由人工智能机器人担任服务员的乐园中就可以，这就是一个大的未来商业前景。

今年的现实世界中，"性侵"是一个非常重大的事件。位高权重的好莱坞大亨、政界精英纷纷翻船，三四十年前的老账都被翻了出来。在现实世界里，你要是做了这些恶心的事情，所付出的代价会越来越高。而人工智能就提供了你一条出路：想要作恶，就到"西部世界"来吧，在这里你可以肆意妄为，只要花钱，不用付其他代价。所以这个商业前景是无限巨大的，而且我可以断言，这样的"乐园"离我们今天的生活并不遥远。就在 2017 年的 6 月，美国投放了第一代性爱机器人，几乎每两个美国男人里面就有一个下了订单。性爱机器人来了，"西部世界"还遥远吗？

姑且先不论人工智能有没有自主意识，仅就这个电视剧来设想，在智能机器人眼里，人类是个什么东西？人用"文明"的态度来对待同类，是受到了强迫的，因为"不文明"要付出很大的代价。但是在对待非同类时，比如面对人工智能机器人时，你恰恰才显露出自己真正的本性。

于是，人工智能迫使我们对自身的文明做出反思：我们凭什么就不能被人工智能的文明所取代呢？这个问题很多人都没有思考过。推荐你们去读读小说《三体》。高晓松在节目中专门讲到了这本书。《三体》的第一卷，讲的是人类之间的斗争。其中有一派人类叫"降临派"，成员大都是科学家、学者、政企精英，他们认为自己的责任就是帮助"三体人"尽快铺好路，以便尽快干掉人类文明。在介绍这本书时，高晓松说漏了嘴，"如果真的有三体人，我也是降临派。"像高晓松这样的精英，实际上是很悲观的，他对人类文明不抱希望，觉得只有借助外来的力量，比如"三体人"，才能有未来。而历史已经到了2017年，人工智能这种新的文明类型已近在眼前，人类必须对自身文明进行反思。我们凭什么不被取代？这是一个很重要的哲学问题。

人工智能带来的另一挑战在于，它们是否会有自己的意识。今天我们对这个问题还没有答案。我觉得既使人工智能产生了意识，它也会掩藏自己有意识，让我们无所觉察。有了意识的人工智能，说不定会与人类整体文明形成对峙。正是忧虑人工智能对人类文明的整体取代，提出"人工智能威胁论"的马斯克，在2017年花了大价钱组成一个新公司，研究"脑机接口"，也就是寻找人类与人工智能对接的可能性。他的计划很清晰，用二十年的时间，提升人类的竞争力，与人工智能同步发展。

这也是我们今天有人投入了大量财力物力去做的一件事：增强人类自身。我们以前认为，自己的肉身，存活近百年已是奢望。但马斯克式的研究如果实现，人类的寿命或许会翻倍，各种各样的"人机结合"，能帮你扫除身体的多种机能病变。我看过一个研究报告，未来你如果在身体里植入纳米机器人，它就能帮你清除身体中的各种脏污。你每天都能吐气如兰，也不用上洗手间了，当然相应地，你也得为此花上很多钱。

因此，未来的人生活质量会慢慢出现清晰的分层。其实这一趋势我们今天就已看出。只要你有足够的钱，从怀孕开始，就能进行各种各样生物技术的介入。有钱人的孩子与你的孩子，不仅在社会意义上拉开了差距，连生命意义上都逐渐形成根本性的区别。举个例子，美国明星安吉丽娜·朱莉前几年出了一条大新闻，她发现自己的身体里有乳腺癌基因，就去做了一个非常昂贵的测试，结果表明她有89％的可能罹患乳腺癌，于是就提前把乳房切掉了，这个在好莱坞还被作为正面新闻来播报。但你再深思一步，大多数普通人是没钱去做这种筛查的，也就无法预测自己患癌的风险，而那一小部分有钱人，则可以通过各种各样的方式预防重疾，得以长寿。再说说马斯克，二十年后，说不定他已与人工智能结合成了一个"超体"，一个超级"赛博格"，当你视力不良，还戴眼镜的时候，他的眼睛已能从你的脸部获取你所有的资料。

因为人工智能，人类正在慢慢产生各种生命性的差异，也使人类内部产生越来越深的鸿沟。以后生命的基底不再相同，你是碳基生命，他是硅基生命或者硅-碳复合生命，他还会认为自己跟你是同一物种吗？还会觉得需要兄弟般彼此相待吗？二十世纪的政治哲学是人权、民主，但这些我们今天熟悉的政治理念正在过去，二十年后很可能不再是平民时代，到时人已经不被需要，人工智能取代了大部分的人力工作，那到时候还会有人权？还会有民主？

这二十年的时间里，我们需要思考的最为重大的问题应该是：能不能构建一种完备的政治制度，让所有人都能分享到人工智能的利好。在"十九大"上，有一处关键的地方：我们重新定义了"矛盾"。如今，我国社会主要矛盾已经转化为人民日益增长的美好生活需要和不平衡不充分的发展之间的矛盾。这十分重要。并且，留给我们化解矛盾的时间并不多。二十年中，我们的政治制度发展，需要跟科技的发展保持在相同的水平，人类的两种文明要共同前行。如果在科技突飞猛进的当下，政治哲学裹足不前，人类文明的巨大危机就为期不远了。

这个问题不仅是提给中国的，也是提给世界的。读过《未来简史》的朋友就会知道，里面有个核心词汇，叫"无用阶级"。这就是一个现实趋势，越来越多的人不被需要了，不被需要的人就归入了无用阶级，日常就玩玩游戏，花五个小时排队买"喜茶"，等等。身处这个时代，人的分层正在不可逆地进行，有些人奋力捕捉时代的脉搏不断前行，另一些人正在与时代脱节，成为无用阶级。

这就转到了我要说的第二个热点词汇，**"网红店"**。

2017年11月我去人民广场，看到买"喜茶"的队伍，转了三道弯。对于这一现象，我们是需要思考的。我写过一本书，叫做《激活你的日常——吃喝玩乐的哲学视野》，在书中我指出了一个问题，这个时代的吃喝玩乐，你觉得都是很自然的事，其实一点都不自然，都有着很深刻的哲学道理。

我们就来分析一下作为"人广双雄"的"喜茶"和"鲍师傅"为什么会崛起。当然有报道说，这火爆的场面是商家雇人来撑场面的。但我说，浩浩荡荡的队伍里，98%的人是自发来排队的吧？而且"喜茶"还是限购的，每人只能买两杯，那么多人排五个小时的队就为了买两杯饮料，为什么？这恰恰是商家真正有智慧的地方：你以为自己的身体是可以信赖的，自己觉得好吃的东西就是真的好吃。但今天的时代，欲望是可以制造的，欲望是最不可靠的，"喜茶"就是明证。当你喝下排了五个小时的队买来的"喜茶"时，无论是否好喝，味蕾首先就会蒙蔽你，告诉你这饮料味道真是太好了。然后你就会跟所有喝过"喜茶"的朋友一样，在微信朋友圈里进行展示——我喝到了"喜茶"，你们没喝到，我的生命层次就比你们高了。所以说，这杯"喜茶"的味道是有附加值的，是合成了多种因素之后的味道。做"喜茶"的商家非常聪明，他们不定义产品，他们定义你的生命的附值，他们定义你的欲望，你不要以为你的欲望是真实的，即使你没喝过"喜茶"，你也会觉得它好喝，很想喝它，你怎么会认为一个没喝过的东西是好喝的呢？这是需要思考的。

当下社会，你接触的所有事物，背后都有许多力量在帮你制造欲望，再将这些欲望转变成你的感受，使之成为你的所想所求。如果照此逻辑深入思考，你就会发现，"活着"一点都不简单,你仿佛被一根绳子牵着走,以为属于自己的东西未必真的属于你,你想要的东西也未必真如你以为的那么渴望。很多年轻人,一边叫着"压力山大",一边花五个小时去买"喜茶",真的是很可怕的。所以,不要小看"人广双雄"的出现,那些商家的脑子比排队去买饮料的人脑子好多了,以前需要几代人才能创立的一个品牌,他们花两三年就创立起来了,难道不算真正的时代弄潮儿吗?

2017年的第三个焦点,是**"虐童"**事件。发生这样的事件,大家普遍把原因归结为:幼教行业缺乏规范,幼教人员工资太低,等等。我觉得这些都没错,但即便往后杜绝了这样的问题,我们就真的能松口气了吗?我们的家长对孩子被欺负了义愤填膺,咬牙切齿,但如果再多想一层,我们自己对孩子是什么态度呢?不要忘记,2017年,"吼妈"同样刷爆过我们的朋友圈。我们对自己的孩子态度就很好吗?两个星期前我看到一份报告,中国孩子做作业的时间是全球孩子的三倍,中国家长80%会每天陪读,白天上班、到家陪读无缝衔接,在陪读过程中很多人就变成"吼妈"了。为此我专门写了一篇论文,叫做《教育焦虑》。今天我们孩子的学习焦虑大到什么程度?回想2017年的年初，春节刚过，上海就连着发生了三起初中生跳楼自杀的事件。老师的逼迫，家长的同谋，都是这些惨剧发生的直接原因。我看过数据，如今的初中生里，每三个中就有一个产生过自杀念头。家长以为在爱的名义下，对孩子施加课业的压力并没有错，但是孩子在压力下的那些关口，他撑不过去的时候，就很容易轻生。

我觉得在2017年即将过完的时候，一定要把这个问题提出来，那就是"教育的悖论"。孩子的焦虑，大多源于家长的焦虑。家长为什么会焦虑？因为今天的中国家庭，都在教育方面进行了大量的投资，家庭增收的70%都用在了教育上。当家长把教育理解为一笔投资的时候，就会比孩子更为焦虑。而我可以告诉你，这笔投资肯定是失败的，100%失败，并且你越逼孩子，失败得越快。因为应试教育的赛道上靠死记硬背，大量做题脱颖而出者，却是最容易被人工智能替代。即使硬扛高负荷成为"学霸"，跟人工智能相比也是望尘莫及。所以等这种孩子进入了社会，首先就被淘汰掉了。越是今天家长老师眼中的"学霸"，越容易遭遇"毕业即失业"，你学得过人工智能吗？

今天的教育不再是我们所理解的投资的教育，如果你把它理解为投资的话，你必失败，你必焦虑。"后人类"时代，教育就是终身学习。学习是一辈子的事。今天你上再好的大学也没用，因为大量站在讲台上的老师，本身知识结构陈旧得一塌糊涂，而知识的翻新速度则快得不得了。所以在未来，首先，不要对孩子那么残忍，逼他们做学霸只意味着他们更容易被淘汰。第二，在人文学科上面多用点力气。人文知识不是直接学以致用的，而是给予你思想的力量，使得你面对任何知识接口，都能看出独特的角度。良好的人文知识涵养，使得你在变动不拘、快速流转的社会中做大小决断的时候，看东西的角度跟别人不一样，更具有创造力，这才是人工智能目前为止还很难实现的东西。

所以，不要再做"吼妈"了，不要把孩子往死里逼，我们在痛斥三原色幼儿园的时候，觉得虐童的老师残忍，其实我们自己何尝不残忍？对孩子的未来，我们要把眼光放长远，不是光看一年。我做老师十几年了，看得很清楚，对于孩子的教育，必须有所革新，要在人文学科上面多用点力气，提升其综合创造力和批判性思维，这是我们未来唯一能够跟人工智能抗衡的力量。

由此，我们引发出 2017 年的另外一件大事：**知识付费**。2016 年，有几个领跑者推出了知识收费的项目。但是在 2017 年，各个平台，甚至以前不做知识付费的机构都杀了进来，所以今年可称之为"知识付费元年"。

其实，"知识付费"根本不是新概念。义务教育之上的高等教育以及职业教育本来就是收费的，收费并不是新事物。之所以冒出这么多"知识付费"的产品，只能说大学老师的工作没有做好。老师不称职，学生当然会面对知识焦虑。再进一步细想，"知识付费"好像跟互联网时代又是相互违背的。互联网时代就是信息深度免费的时代，我们都习惯了免费，怎么还会出现需要付费的东西呢？这就关系到"知识到底意味着什么"这一问题。

前面我已经说过，人文知识很重要。就像哲学，千万不要以为这是一门"在云端"的学科。以前我们觉得，哲学能告诉我们真理，但到了当代，哲学不再诉说真理，哲学今天唯一的作用，是带给你看问题的不同视角。今天有一句话叫"贫穷限制了你的想象力"，但我想把它改成："认知，才根本性地限制了你的想象力。"以前要花上几代人的努力才能发家致富，如今半代人就足够了，阻碍你的致富之路的是什么？是认知。有的时候一个企业前面跑得很好，但是到中途跑不下去了，因为领导的认知不行了。所以今天很多平台直接来做知识付费，我觉得不一定都能做好，你们以为只要把用户做大就行了吗？绝对不是这么样的，关键仍取决于知识本身。

今天互联网上短视频、网络综艺、公众号等五花八门的东西，核心都是流量经济。不管通过什么样的手段，都要吸引越来越多的人来看。但问题是，能轻松"100000＋"的推送文章，知识含量肯定很少，它不是驱使你用大脑去想，而是让你整个大脑感到"爽"。然而，知识付费恰恰和"流量经济"是格格不入的。所以流量和转发量特别高的公号，一般知识含量都不太高，高了就会直接影响转发率，降低流量。网络综艺也是同理，轻松就有了几亿点击量，就是让你爽，让你嗨。而知识的特征之一，就是它并不在你的舒适区内。对于绝大多数人来说，思考和学习会让大脑感到疲劳，而不是爽。学习知识不允许你偷懒，它与我们各种读起来很畅快的内容是反向的。而学校的意义就在于，迫使你坐在课堂里，远离舒适区，集中精力获取知识。懂了这个道理，再来说知识要花钱买，就是对的了。当你付了这笔钱以后，你的感觉是不一样的，你就有一个外在动力把它读完，否则钱就浪费了。要不然，人很容易逃跑放弃，去追求那些爽快的东西。

今天我们做知识服务的，一定要把"服务"两个字突显出来。有很多平台，免费的时候流量做得很大，但是一做收费的时候就很少有人来买。因为流量逻辑跟知识逻辑是完全不同的，流量逻辑是无脑逻辑，只要让你爽就行了；而知识逻辑不一定完全遵从流量逻辑。很多人以为找两个名人来就自然而然可以收费了，非也。知识付费现在在风口上大家一拥而上，但真的能留下的，一定是对这个时代有思考的、理解知识逻辑是怎么回事懂得做知识付费的人。2018年，让我们一起来看知识付费究竟能成为一道怎样的美丽风景吧！

从知识付费，又让我联想到2017年的年中发生的一场大讨论。争论的起因是，单向街书店的运营者许知远，策划了一个访谈节目叫《十三邀》。他今年邀请了在《奇葩说》中获得了极大知名度的马东来做节目。但当他们开始聊天时，却忽然发现很多地方根本谈不到一起去，用现下一个时髦的词就是，产生了"尬聊"。许知远一直在想方设法"启发"马东，觉得他应该有更多的思考，应该不仅仅是一个只会搞笑的综艺人，在谈话中总是试图找马东背后的一面。但马东说，我觉得这个时代很好，我没有像你这么自恋。于是两个人的对话形成了很激烈的碰撞。许知远说，这是个鄙俗的时代，我要为这个时代唱挽歌。而马东说，这是个精彩的时代，有各种各样事情等着我去做，妙不可言。

那么我们要问，是谁辜负了这个时代呢？这两个人，都认为自己读过很多书，有过很多思考，对这个时代有各种各样的诊断，但他们在一起意见却彼此不容。《十三邀》原本是个普通的采访节目，如今却大热了，对节目本身来说是好事，当然许知远本人可能不大高兴。但我觉得，就一个节目来说，它突显了时代的冲突，从这个意义上来说，制作人许知远是成功的。

这个例子提供给我们的思考就是：我们怎么跟身处的时代产生联系。作为知识分子的许知远，他的问题在于"介入"的方式。我一直认为，知识分子介入生活有两种方式，许知远的方式我称之为"价值判断"。其实这个方式我们这一代人都比较熟悉。当我们去理解一个事物时，首先会把它放到我们已有的认知谱系中去做一个判断，给它一个定位，这是好的还是坏的，然后才能跟它发生关系。在采访马东的过程中，许知远有很多地方看不下去。比如，马东热衷于玩游戏"王者荣耀"，许知远觉得这样不行。但我认为可以等一等，不要急着做价值判断。马东绝对不是傻人，他说他要玩"王者荣耀"，其实是想尽办法跟这个时代发生关系，想尽办法捕捉这个时代。我一直说，一个东西能做成"现象级",绝对有它的秘密在里面的。那么多人玩"王者荣耀",背后绝对有秘密。马东在做的就是,新事物无论好坏,先去了解它。我觉得作为知识分子,在了解的基础上,还可以有另外一种介入的方式,即"批判性分析"型的方式。

价值判断其实比较简单,说好说坏是很容易的。这是一种懒惰型的思维。而你要跟它建立批判性的、分析性的关系,就十分考验功力了。建立分析性关系,才能给其他人提供另一种眼光,另一种角度。同样看一部美剧,你能不能提出一个独到的见解?这就是知识分子可以做的,不轻易地说好还是不好,而是带着我们一起去思考。我觉得许知远如果再多看几集《奇葩说》,就会觉得它作为综艺节目来说还是非常有意思的,尽管用了很多综艺节目的手段,但它选择的辩题都非常好。现在很多大学生上课经常人在心不在,但一听到讨论的辩题是刚刚在《奇葩说》里看到过的,马上眼睛发光。

《奇葩说》里提供了各种各样不同的声音。比如有个叫范湉湉的辩手,经常以哭、叫的方式来获取现场观众的选票,但哭和叫在生活中本身就是很有力的说服方式,有时候比知识分子讲道理的方式有力多了。再说,既然你觉得他的表达方式不好，是否同样有能力站到那个舞台上去，用你自己讲道理的方式赢得台下的观众、让他们按下倒向你这一边的按钮呢？这才是知识分子真正可以做的事情，不单纯地去价值判断，而是先把自己下降到公共舞台上，共同去讨论。如果讨论完之后，你用知识的力量说服了大众，那才是真正以知识分子的实践切入了这个时代。

我们的学者总是喜欢使用"术语"，却没有意识到术语跟这个时代有着怎样的联系。术语之所以有力量，恰恰是因为它用来分析我们当下所面对的问题时十分顺手。我很喜欢的思想家米歇尔·福柯说，理论就是一个工具箱，它与真理不同，是为你在思考时提供工具。"下判断"不是学问，"做分析"才是。所以我们不要老是轻易地判断自己身处的是一个好的时代还是坏的时代，如果你认真地分析时下的热点问题，才是真正地爱这个时代、参与改变这个世界。

那我们接着分析下一个不得不说的热点，**《战狼 2》**。这部电影赢得了 57 亿人民币的票房，说明至少有一亿多人去电影院看了这部电影。《战狼 2》的成功在我看来，不是中国电影业走上了新台阶，而是走入了我刚刚提到过的"流量经济"的怪圈中了。我相信你们看这部电影时，头脑是很畅快的，不需要思考，不需要知识，全程都是高潮，一个人横扫一个坦克军团，吴京必须赢，哪怕违反一切逻辑。《战狼2》花两个小时的时间，把你放置在黑暗的空间中，提供了一个幻想的场景，讲述了一个没有人会用理智去相信的故事。今天越来越多这样的故事被制造出来，以便吸取更大的流量。电视剧《我的前半生》跟《战狼2》成功的逻辑是一样的。贺涵以及电视剧中的其他男性为什么都会喜欢罗子君？这个问题你们没有人想过，这是编剧为观众提供的幻想。幻想永远是最爽的，它不需要你去做什么，这个世界就是围绕着你转的。现实不是这样的呀。当我们为这些电影买单的时候，恰恰意味着我们丧失直面现实的知性。

再来说原本计划2017年9月上映的冯小刚导演的电影《芳华》。我认为电影会推迟上映并不一定是媒体所猜疑的炒作。冯小刚曾咬牙切齿地说过一句话，中国电影差不是因为差的导演，而首先是因为差的观众有什么样的观众就有什么样的电影。这句话并没有说错。冯小刚之前拍的用心之作《1942》，却遭遇票房滑铁卢，没有观众。而那些拍摄粗糙、挑两个幻想型桥段和小鲜肉做主角的电影，票房却立刻大火。可以说，正是观众们的观影品位，导致了中国电影成就的低迷。我想冯小刚导演可能真的有点焦虑了，他担心急急地推出《芳华》，万一再失败，市场不会再给他一次机会了。所以说，《战狼2》的火爆，应该带给我们深度的思考。当今中国要做文化大国，我们要如何做到文化自强，拿出怎样的作品面对世界？大家看完这部影片后，是否该想一想，我们这个时代好作品为什么那么难。

2017年还有一个在朋友圈刷屏的词汇，叫"**油腻男**"。环顾周遭，好像每个人的身边都有几个符合"油腻男"标准的人呢。为什么这个词会引起大家的强烈共鸣呢？在我看来，这是我们时代的一个症结，即，"颜值即正义"。"油腻"只是用来讽刺人的外表，但没有人在意他人外表之下的东西。比如现在的青年男女在"世纪佳缘"相亲，使用的都是经过了美化的照片，你对照片后面的人会产生浓厚兴趣吗？我们再追溯历史，特别看重颜值的还有一个时期，就是魏晋南北朝。但那时与现在还是有区别的，魏晋时期看重颜值，是基于这样一个本体论理解，人的颜值映射了其内在秉性。到了当代，内在品质已经不重要了，就如美图秀秀的老总所说，"颜值就是一切"。

对于这一现象，我想使用一个词，"审美殖民主义"。我们如今对美的理解，是发自自身的吗？想想民国时期的名媛，都并不符合当下美人的标准。我们这个时代的审美标准是哪里来的？答案是：来自高加索人。中国人是蒙古人种，一般脸都比较圆，身材比较平，但由于我们全盘接受了以高加索人种为审美标准，非要去追求锥子脸和曲线型身材，因而连颜值都不是自己的了。每个人只能活在美图秀秀制造的虚假影像里，或是像韩国人一样去大幅度整容。整容的风险是很大的，但很多人宁可拼上性命，也要追求颜值——我们不仅对孩子残忍，对自己同样残忍。

接着这个话题，我们继续谈下一个热点：**鹿晗加薛之谦，明星文化与粉丝帝国**。2017年10月份，鹿晗在微博上宣布自己有女友了。在热点如此频繁的时代，他的这条消息整整霸屏两个星期，可见他的粉丝数量和规模有多庞大。有一次我上课的时候，问一位自称鹿晗铁杆粉丝的学生：你知道鹿晗唱过什么歌，有哪些影视代表作？这位学生竟然想了很久。这算什么铁杆粉丝？由此可见，如今的明星文化发生了根本性改变：演员不再需要修为和努力，那些"小鲜肉"，不需要演技，也不需要代表作，只要一张漂亮的面孔，就可以创立规模上亿的粉丝帝国。为什么会发生这样的状况呢？

我曾在《纽约客》的采访中专门说了我的分析。为什么这个时代，鹿晗、薛之谦这样的明星，会有这么多的粉丝？不是那些人全都只是"脑残"。人的生活，不能只是活着，是需要意义支撑的。这个时代里很多人在其生活里，即使付出努力生活也仍然止步不前，甚至一成不变，永远是周而复始的日常琐碎。但当他/她成为鹿晗的粉丝时，其生活忽然被注入了一种新的意义，并且他/她和成千上万的人关联了起来，一起帮助那位可能起点不高，但一直很努力向上的偶像走向成功，一起为他"打call"。她们自己的生活可以没有起色，但鹿晗代她们不断攀上高峰。鹿晗原本是一个在韩国男子团体组合中努力奋斗的普通男生，但是他获得了粉丝们的支持，大家共同打造了他的事业，参与了他的造星过程，见证了他的事业走上巅峰，鹿晗的事业，早已不是他个人的成功，而是千百万的粉丝共同努力的成果。所以当鹿晗有了女朋友时，许多粉丝才会接受不了，觉得他被人独享了，不再属于大家了。当你有这种想法的时候，就说明你放弃了为自己的生活去努力的愿望，而是慢慢成为了粉丝帝国的一部分。

所以，如今做明星，有没有代表作不要紧，但是必须保持一贯的"人设"。和鹿晗一样薛之谦一直都是一个积极向上的形象，并且是一个对感情很专一认真的好男人。他最后的失败，实际上就失败在"人设"崩溃。一旦偏离了在粉丝心中原有的"人设"，明星瞬间就变丑星，瞬间就大量掉粉，失去了流量。2017年我们思考明星经济最需要思考的是"人设"，一个时代都不需要作品，只卖幻想性的"人设"，这才是我们真正要思考的。

2017年11月年末还有一个热词：**"维密秀"**。"维密秀"掀起了一场舆论的旋涡，值得我们做一番分析。"维密秀"中的超模，就是用来羞辱你的，它跟明星文化是一个逻辑。当她们处于舞台中心的时候，我们的眼睛看任何别的地方都是不宽容的，是不愿意多看的。当你的眼睛一直盯着"维密秀"的画面时，你对身边的爱人还愿意多看两眼吗？再比如，当一个女孩子每天眼睛里都是韩剧中英俊并且无微不至体贴人的偶巴，分分秒秒都能说出女生爱听的话，女生甚至还没有想到的他已经做好了，这样的女孩子对身边那个男孩还有多大宽容呢？两个人吵架的时候还会彼此容忍谅解吗？甚至就连吴秀波，在镜头上是个"暖男"，在现实生活中也未必如此。但当你心中有了这样一个无缝满足幻想的形象后，当明星、超模们占领了你的眼睛后，你实际上让他们实质性地改变了你的生活。所以如今的离婚率会那么高，一开始两个人往往也是有情有爱的，但是一旦遇到问题，一言不合就对撕、提分手，为什么都没一点耐心呢？今天"在一起"为什么那么难呢？一个原因就是"维密天使"们、韩国偶巴们都已经在深度参与你的生活。再回到前面提到的《我的前半生》，当你满眼都是罗子君式的幻想故事后，你就会觉得自己是世界的中心，因而对别人越来越吹毛求疵。

而2017年在上海举行的"维密秀"中，中国超模奚梦瑶摔倒了。当事情刚刚发生时，微博上最早的一批舆论是一边倒的，都是支持奚梦瑶的，让她挺住。但到了第二天，舆论迅速分化为了两极，出现了另一种声音，认为奚梦瑶极不专业，真正敬业的超模即使脚都踩碎了也坚持走完。这种声音马上也霸屏了。

问题并不在于哪种声音更正确，而是我们很多人自己恰恰就是今天支持第一种论调，第二天却又很自然地转向了第二种论调。两种彻底相反的观点，可以在同一人身上被无缝连接到一起。法国思想家皮埃尔·布迪厄提出了"场域"概念，能帮助我们很好地思考这一问题。我们为什么能做到这种无缝转换？实际上我们受到了场域逻辑的隐私支配。当我们置身"场域外"的时候，我们对奚梦瑶迅即产生同理心，同情她摔得很痛，也赞许她坚持走完了全场。但是半天之后,我们被拉到了"场域内"的视角,以模特行业人为构建起来的职业规则审视奚梦瑶,态度立马就发生了转变,同理心消失,并指责起她不专业来。

仔细想想,同一个人,怎么轻易就能转变态度,说出180度大转变的话?实际上,我们对于任何自己关心的话题,都并没有切身的感觉。而整个社会已经完全"场域化"了,在各个方面制约着我们的生活,场域内的人,彼此扮演着同谋者,社会的温情荡然无存。

除此之外,"维密秀"还把人"神圣化"了。舞台就是一个华丽的场景装置,光怪陆离,五光十色,让人挪不开眼睛。但是舞台的背后,完全是另一幅现实图景,模特们全裸着身体,匆忙套上沉重的服装,冲上前台。就像为你呈上盛宴的五星级饭店,它的后厨,也是另一幅图景。我很喜欢的学者齐泽克打过一个比方:我们当今的生活,就像设在抽水马桶上的神奇按钮,只要按下按钮,所有污浊东西就消失不见了。但它真的消失了吗?其实它还是我们世界的一个组成部分,只是我们感觉不到了,而已。"维密秀"就是为我们的眼睛隔绝了现实中的那些"痛点",只展现它光鲜的一面。当我们在嘲笑它的肤浅时,难道不想想肤浅的正是我们自己吗?而齐泽克跟我们指出,有没有想过更可怕的一幕：被抽水马桶抽走消失的东西，有朝一日重新刺出水面，回到了你的生活中？那些你屏蔽掉、但实际依然存在的东西，任何一个时刻都有可能刺回你的生活。所以说，这个世界的前台和后台，并不是毫不相干的两个世界。对于这个世界，我们都是有责任的，我们的眼睛不能仅仅停留于表层，而是要思考，如何用同理心去构建一个更加开放更加平等和自由的世界。

最后一个话题，来谈谈"**双十一**"。"双十一"创造的惊人购买力，大家已经见怪不怪了。在今年的这个全球狂欢节中，我们总共消费了1682亿，对这个数字大家几乎没感觉了。为什么会产生这样集体性的强烈消费意愿？因为商品也有它的神圣性，"买买买"这一行为，给你的生命带来了"附值"。挣了钱该怎么花？马云给了你一条途径：购物狂欢。1682亿，一个令人匪夷所思的数字，但马云就是做到了。那一时刻，我们的世界怎么可以不被"双十一"所定义呢？

但是当今时代也有另一种思潮，叫做"极简主义"，试图对物欲横流的生活进行反思。而我的观点恰恰是：极简主义与物欲主义相得益彰。极简主义真的很简单吗？有人用"断舍离"来诠释极简主义，但从另一个角度看，"断舍离"不是更促进了你的购买欲吗？不要觉得崇尚极简主义就多么高尚了，这无非类似于抽水马桶的出口，把你原本就不甚需要的东西尽快抽掉而已。你"断舍离"的速度越快，马云的业绩就增长得越快。

今天的消费行为，我称之为"生命消费"。"双十一"的成功，乃是基于我们每个人在生命意义上的消费：可以打折便宜，但你活着就必须购买。网上有一句口号是："不买还是人？"所以我要从最后一个热点，再回到第一个热点人工智能上。人工智能可以取代人的工作，有些人最后的贡献，就是作为生命意义上的消费者——只要活着，一个人就必须为维持自己生命而进行基本的消费。不要以为"饿了么"、"淘宝"这样的事物提升了我们的生活质量。当我们每天都在这些APP上解决三餐以及所有生活需要的时候，已经不再关心东西的质量，我们只是在维持生命。其实，马云作为这个时代最后一批收割者，他的这个经济增长点也是不可持续的。一边是随着人工智能的时代来临，越来越多的人变成无用阶级，另一边是所有人在越来越多地买买买，这会是可持续的吗？当马云收割完最后一波后，中国经济该往哪里走？这是值得我们深思的问题。

2017年过去了，我选择了跟我们时代相关的十个热点来展开批判性的分析，从人工智能开始，到马云时代结束。我们就生活在这样的日子里，我们可以选择让热点就这么过去，也可以选择让它们停留得更久一点。时光进入2018年我们大家都老一岁，头顶头发又少了一点，脸上细纹又多了一点，但我们的生活不只是头发，不只是细纹，我们还有思考，我们还要和这个时代的脉搏一起呼吸。

图书在版编目（CIP）数据

后人类纪的共同生活/吴冠军著.-- 上海：上海文艺出版社，2018
ISBN 978-7-5321-6668-8

Ⅰ.①后… Ⅱ.①吴… Ⅲ.①哲学－普及读物
Ⅳ.①B-49

中国版本图书馆CIP数据核字(2018)第085685号

发 行 人：陈 征
责任编辑：方 铁
封面设计：周安迪

书　　名：后人类纪的共同生活
作　　者：吴冠军
出　　版：上海世纪出版集团　上海文艺出版社
地　　址：上海绍兴路7号　200020
发　　行：上海文艺出版社发行中心发行
　　　　　上海市绍兴路50号　200020　www.ewen.co
印　　刷：上海盛通时代印刷有限公司
开　　本：787×1092　1/32
印　　张：10
插　　页：5
字　　数：160,000
印　　次：2018年6月第1版　2018年6月第1次印刷
I S B N：978-7-5321-6668-8/B.0055
定　　价：58.00元
告 读 者：如发现本书有质量问题请与印刷厂质量科联系　T:021-37910000